SOMMAIRE

Des idées d'apéros à dévorer...

...EN SORTANT DU BOULOT

...AU COIN DU FEU

...POUR VOYAGER

...À L'IMPROVISTE

...POUR IMPRESSIONNER SES BEAUX-PARENTS

...POUR PLAIRE AUX ENFANTS

TZATZIKI AU YAOURT DE BREBIS
et à la menthe

Pour 4 personnes
Préparation : 20 minutes
Repos : 1 heure 30
Réfrigération : 2 heures

1 gros concombre
250 g de yaourt au lait de brebis
1 petite gousse d'ail
3 cuil. à soupe d'huile d'olive
1 cuil. à café de jus de citron
½ bouquet de menthe
1 cuil. à soupe de gros sel
1 cuil. à soupe de pignons de pin
Sel et poivre

1. Pelez le concombre. Coupez-le en deux dans la longueur et creusez-le avec une petite cuillère pour ôter les graines. Râpez la chair. Mettez le concombre râpé dans une jatte, ajoutez le gros sel, mélangez. Laissez dégorger pendant 1 heure.

2. Pendant ce temps, versez le yaourt au lait de brebis dans une passoire garnie d'une mousseline. Laissez égoutter pendant 30 minutes.

3. Rincez le concombre râpé, égouttez-le dans une passoire ou un tamis et mettez-le dans un saladier. Ajoutez le yaourt de brebis égoutté, la gousse d'ail pelée et hachée, la menthe effeuillée et ciselée, le jus de citron, l'huile d'olive, du sel et du poivre.

4. Couvrez d'une feuille de film alimentaire et réservez au frais pendant au moins 2 heures. Juste avant de servir, faites griller à sec les pignons de pin et parsemez-en le tzatziki.

POUR LES DÎNERS D'ÉTÉ ★★★

TAPENADE

Pour 2 pots de 250 g chacun
Préparation : 25 minutes

350 g d'olives noires
100 g de câpres
100 g d'anchois à l'huile
100 g de miettes de thon
2 gousses d'ail
2 pincées de thym frais
10 cl d'huile d'olive
Poivre du moulin

1. Pelez et hachez les gousses d'ail. Dénoyautez les olives et hachez-les grossièrement. Égouttez et épongez les anchois, coupez-les en petits morceaux. Égouttez les miettes de thon et les câpres.

2. Réunissez ces ingrédients dans un mortier, ou à défaut dans un mixeur (en procédant en plusieurs fois), et réduisez-les en purée un peu grossière.

3. Incorporez ensuite le thym, puis ajoutez l'huile d'olive en filet, tout en mélangeant toujours dans le même sens. Poivrez à votre goût, mais ne salez pas.

4. Répartissez la préparation dans des pots. Fermez-les et conservez-les dans un endroit frais, mais servez toujours la tapenade à température ambiante, sur des croûtons grillés.

POUR LES DÎNERS D'ÉTÉ ★★★

CAVIAR D'AUBERGINES
et ses chips au sésame

Pour 4 personnes
Préparation : 20 minutes
Cuisson : 32 minutes

Pour le caviar :
2 grosses aubergines
2 cuil. à soupe rases de purée de sésame (en magasin bio, type Jean Hervé)
1 cuil. à café de cumin en poudre
Quelques feuilles de coriandre ciselées (facultatif)
Sel

Pour les chips au sésame :
1 blanc d'œuf
25 g de farine de blé (T65)
1 cuil. à soupe d'huile de sésame
1 cuil. à soupe rase de graines de sésame + un peu pour parsemer
1 pincée de sel

1. Coupez les aubergines en deux dans le sens de la longueur en laissant la peau et faites-les cuire à la vapeur 20 minutes. À l'aide d'une cuillère à soupe, prélevez la pulpe et mixez-la avec les autres ingrédients (sauf la coriandre).

2. Rectifiez l'assaisonnement et agrémentez, si vous le souhaitez, de coriandre ciselée. Réservez au réfrigérateur.

3. Préchauffez le four à 180 °C (th. 6). Préparez les chips en mélangeant les ingrédients dans l'ordre.

4. Répartissez la préparation sur une feuille de cuisson en silicone à l'aide d'une cuillère à café, en formant une dizaine de petits tas espacés.

5. Étalez avec le dos de la cuillère de façon à former une fine couche. Parsemez de graines de sésame avant d'enfourner pour 12 minutes, jusqu'à coloration. Servez le caviar piqué de chips au sésame.

SANS LACTOSE

TERRINE D'ANTAN

Pour 8 à 10 personnes
Préparation : 30 minutes
Repos : 24 heures
Cuisson : 2 h 15

800 g de viande de porc désossée (échine)
300 g de foie de porc
200 g de gorge de porc
3 œufs
2 ou 3 tranches de pain de mie
100 g de crépine (commandée à votre boucher)
75 g de crème épaisse
10 cl de lait
1 petit oignon
2 ou 3 échalotes
2 cuil. à soupe de cognac
1 gousse d'ail
1 ½ cuil. à café de sel
1 cuil. à café de poivre
1 pincée de quatre-épices
1 ½ bouquet de persil

1. Émiettez le pain et faites-le tremper dans le lait. Pelez et hachez l'oignon, les échalotes et l'ail. Lavez le persil et ciselez-le. Coupez la viande de porc en fines lanières, hachez la gorge de porc et le foie.

2. Mettez les viandes dans un grand saladier et ajoutez le sel, le poivre, le quatre-épices, l'échalote, l'oignon et l'ail hachés, le persil, le cognac, la crème et les œufs. Essorez la mie de pain et ajoutez-la elle aussi, puis mélangez soigneusement le tout.

3. Tapissez une terrine avec la plus grosse partie de la crépine. Versez la préparation dedans et recouvrez-la du reste de crépine. Fermez la terrine et laissez au réfrigérateur pendant 24 heures.

4. Préchauffez le four à 180 °C (th. 6). Quand la température voulue est atteinte, enfournez la terrine et laissez cuire le pâté pendant 2 h 15. Piquez un couteau dans la terrine : s'il ressort sec et lisse, sans traces de sang, c'est que la terrine est cuite ; sinon, prolongez la cuisson de quelques minutes. À l'issue de la cuisson, sortez-le du four, laissez-le refroidir. Servez avec une bonne tranche de pain de campagne et quelques cornichons.

100 % TRADITION

AÏOLI

Pour 4 personnes
Préparation : 15 minutes

2 jaunes d'œufs
crus + 1 jaune d'œuf dur
6 grosses gousses d'ail
60 cl environ d'huile d'olive
Sel et poivre du moulin

1. Pelez les gousses d'ail et fendez-les en deux pour retirer le germe.

2. Broyez-les le plus finement possible dans un grand mortier en pierre, en ajoutant petit à petit les jaunes d'œufs, les crus et le dur. (Vous pouvez aussi utiliser un mixeur, mais le mortier fait partie intégrante de la cuisine provençale.)

3. Salez et poivrez.

4. Sans cesser de broyer au pilon, ajoutez un peu d'huile en filet comme pour une mayonnaise.

5. Continuez à mélanger vivement jusqu'à ce que toute l'huile soit incorporée. L'aïoli est prêt quand il a pris une consistance ferme et homogène.

POUR LES SUPER GOURMANDS ★★★

TERRINE DE FOIES BLONDS

Pour 6 à 8 personnes
Préparation : 1 heure
Cuisson : 55 minutes

350 g de foies de volaille
200 g de poitrine de porc
200 g de chair à saucisse
1 grand morceau de crépine
20 g de mie de pain
1 feuille de laurier
1 cuil. à soupe d'armagnac
1 gousse d'ail
1 pincée de noix de muscade râpée
2 branches de thym
Sel et poivre du moulin

1. Préchauffez le four à 180 °C (th. 6).

2. Pelez et hachez la gousse d'ail. Faites tremper la crépine dans un grand récipient d'eau froide.

3. Dénervez les foies de volaille et coupez-les en quatre. Coupez la poitrine de porc en cubes et passez-les dans un hachoir à grosse grille. Mixez la moitié des foies au robot électrique avec la mie de pain.

4. Réunissez dans un saladier les viandes hachées, la chair à saucisse, le reste des foies de volaille, la gousse d'ail, l'armagnac, la noix de muscade et le thym effeuillé. Salez, poivrez, et malaxez pour obtenir une farce homogène.

5. Égouttez la crépine sur un linge. Tapissez-en l'intérieur de la terrine en la laissant dépasser des bords. Remplissez de farce, tassez avec la paume de la main, posez la feuille de laurier, puis rabattez la crépine pour tout recouvrir. Découpez ce qui dépasse.

6. Couvrez la terrine, placez-la dans un bain-marie, enfournez et faites cuire environ 55 minutes. Sortez du four, laissez refroidir et mettez au réfrigérateur.

★★★ 100 % TRADITION ★★★

RILLETTES COMTOISES

Pour 8 à 10 personnes
Préparation : 30 minutes
Cuisson : 3 à 4 heures
Réfrigération : 12 heures

1 kg de poitrine de porc fumée
200 g de lard gras
150 g de bacon
1 oignon
2 feuilles de laurier
2 clous de girofle
Sel et poivre du moulin

1. Retirez la couenne de la poitrine de porc, puis coupez la viande en morceaux de 3 ou 4 cm. Coupez le lard en gros dés. Épluchez l'oignon et piquez-le des clous de girofle. Retirez la peau du bacon et taillez-le en petits dés.

2. Mettez le lard dans une cocotte et commencez à le faire fondre sur feu doux. Ajoutez les morceaux de poitrine fumée, l'oignon, les feuilles de laurier et donnez quelques tours de moulin à poivre.

3. Recouvrez juste d'eau et amenez à très petits frémissements. Faites cuire 3 à 4 heures, sans jamais atteindre l'ébullition, jusqu'à ce qu'il ne reste plus qu'un jus épais.

4. Laissez tiédir. Retirez l'oignon et le laurier, puis mettez la viande dans un bol. Écrasez à la fourchette jusqu'à ce que les morceaux soient bien effilochés, en ajoutant juste assez de jus de cuisson pour obtenir une consistance moelleuse.

5. Goûtez et rectifiez l'assaisonnement. Ajoutez le bacon et mélangez à nouveau pour homogénéiser l'ensemble.

6. Mettez en terrine ou en pots et couvrez hermétiquement. Placez au frais jusqu'au lendemain. Servez sur du pain de campagne grillé.

POUR LES TRÈS NOMBREUX

GUACAMOLE

Pour 4 personnes
Préparation : 10 minutes

3 avocats
Le jus de ½ citron vert
1 tomate coupée en petits dés
½ oignon finement haché
2 piments jalapeños, finement émincés
1 petit bouquet de coriandre hachée
Sel

Nachos pour servir :
8 tortillas de maïs
Huile de friture
Sel

1. Préparez les nachos. Faites chauffer l'huile de friture dans une grande sauteuse ou dans une friteuse. Empilez les tortillas, puis coupez-les en 8 parts triangulaires.

2. Lorsque l'huile est chaude, plongez-les 1 minute, jusqu'à ce qu'elles soient dorées, puis retirez-les et posez-les sur du papier absorbant. Salez. Procédez en plusieurs fois.

3. Coupez les avocats en deux, ôtez le noyau et récupérez la chair dans un bol. Arrosez de jus de citron vert.

4. Écrasez la chair grossièrement à la fourchette, puis ajoutez le reste des ingrédients et mélangez. Salez. Servez avec les nachos tièdes.

SAVEURS D'AILLEURS

HOUMOUS

Pour 8 personnes
Préparation : 25 minutes

800 g de pois chiches en conserve
3 cuil. à soupe de tahin (purée de sésame)
1 citron vert
1 gousse d'ail
10 cl d'huile d'olive
Sel et poivre

Pour servir
1 oignon rouge
60 g d'olives noires
2 cuil. à soupe de câpres égouttées
2 cuil. à soupe d'huile d'olive

1. Pressez le citron vert pour recueillir son jus. Pelez et hachez la gousse d'ail.

2. Égouttez les pois chiches, puis rincez-les pendant 20 secondes sous l'eau chaude dans une passoire. Pincez-les un à un entre le pouce et l'index pour les « dérober » (les peler). Mettez-les au fur et à mesure dans le bol d'un mixeur.

3. Ajoutez le jus de citron vert, le tahin, la gousse d'ail, du sel et du poivre. Mixez pendant 30 secondes, puis réduisez la vitesse sur la position la moins rapide et incorporez progressivement l'huile d'olive pour monter le houmous comme une mayonnaise. Versez dans un bol et rectifiez l'assaisonnement. Réservez au frais.

4. Au moment de servir, versez l'houmous au centre d'un plat, arrosez d'un filet d'huile d'olive, parsemez de câpres, puis entourez d'olives noires et de rondelles d'oignon rouge.

★★★ VEGAN ★★★

COCOTTE DE FOIE GRAS
au muscat

Pour 8 à 10 personnes
Préparation : 30 minutes
Cuisson : 20 minutes
Repos : 1 heure
Réfrigération : 6 heures

2 foies gras de canard crus de 400 g environ chacun
Le jus de ½ orange
75 cl de muscat
1 cuil. à café rase de sel fin
1 cuil. à café rase de poivre blanc

1. Préchauffez le four à 180 °C (th. 6).

2. Parez et dénervez les foies gras après les avoir laissés reposer 1 heure à température ambiante. Mélangez le sel et le poivre sur une assiette, roulez-y les lobes de foie gras, arrosez de jus d'orange et mettez dans une cocotte en fonte émaillée.

3. Couvrez la cocotte et enfournez pour 10 minutes environ. Sortez du four, retirez le couvercle et versez doucement le muscat.

4. Couvrez à nouveau la cocotte et remettez-la au four pendant 10 minutes environ, en veillant à éviter toute ébullition. Sortez-la du four, laissez refroidir, puis égouttez les foies et placez-les dans une terrine. Tassez légèrement.

5. Récupérez 25 cl environ du mélange de graisse et de muscat, et arrosez-en les foies. Laissez refroidir complètement et réservez au moins 6 heures au réfrigérateur avant de servir.

★★★ 100 % TRADITION ★★★

FOIE GRAS AU CHORIZO

Pour 12 personnes
Préparation : 20 minutes
Repos : 1 heure
Cuisson : 20 minutes
Réfrigération : 24 heures

500 g de foie gras de canard frais, déveiné
50 g de chair de chorizo fort
8 g de sel
2 g de poivre

100 % TENDANCE

1. Pesez les ingrédients. Mélangez le sel et le poivre. Si votre foie est plus gros ou plus petit, adaptez les quantités de sel et de poivre de manière proportionnelle. Ôtez la peau du chorizo et hachez-le finement au mixeur. Réservez.

2. Sortez le foie gras du réfrigérateur au moins 1 heure avant la préparation. Séparez les deux lobes. Avec vos doigts, réalisez un creux au milieu du gros lobe, de haut en bas, puis comblez ce creux avec la chair du chorizo. Utilisez la moitié du mélange sel-poivre pour assaisonner la partie intérieure des deux lobes. Retournez les lobes et, avec la pointe d'un couteau, faites des croisillons sur le dessus. Assaisonnez et appuyez pour que le sel et le poivre pénètrent le foie. Posez le petit lobe sur la partie intérieure du gros lobe pour les emboîter et ne former qu'un seul foie.

3. Nettoyez le plan de travail, étalez 30 cm de film alimentaire, posez les lobes et enroulez-les dans le film. Ne fermez pas les extrémités et façonnez les foies en forme de ballottine de 5 cm de diamètre. Refermez la ballottine sur les côtés, glissez-la dans un sac congélation et chassez un maximum d'air avant de fermer. Conservez au réfrigérateur 24 heures.

4. Le lendemain, sortez le foie gras 30 à 40 minutes avant la cuisson. Remplissez une grande casserole d'eau aux trois quarts, faites chauffer jusqu'à frémissement, plongez le foie gras et maintenez-le immergé. Éteignez le feu et conservez le foie gras immergé pendant 20 minutes.

5. Préparez un récipient rempli de glaçons. À la fin de la cuisson, plongez-y le foie gras et laissez-le refroidir. Changez le film alimentaire après 24 heures de réfrigération. Conservez le foie au réfrigérateur entre 5 jours et 1 semaine avant de le déguster.

6. Déballez le foie gras et tranchez-le. Servez-le sur une tranche de pain grillée et dégustez avec gourmandise.

RILLETTES AUX DEUX SAUMONS
et à la ciboulette

Pour 6 à 8 personnes
Préparation : 30 minutes
Cuisson : 6 minutes
Réfrigération : 2 heures

300 g de filets de saumon frais (sans arêtes)
150 g de saumon fumé
150 g de fromage blanc
Quelques brins de ciboulette
1 échalote
1 tablette de concentré de court-bouillon
Sel et poivre du moulin

Pour servir :
1 citron

1. Ciselez la valeur d'une cuillerée à soupe de ciboulette et réservez quelques brins pour le décor. Épluchez et hachez finement l'échalote pour en conserver une cuillerée à café. Préparez 50 cl de court-bouillon avec une tablette de concentré.

2. Posez le saumon fumé sur une planche et taillez-le en tout petits dés avec un couteau tranchant. Réservez au frais. Rincez le saumon frais. Égouttez-le et mettez-le dans une casserole. Recouvrez-le de court-bouillon, amenez à frémissements sur feu doux et faites cuire 6 minutes.

3. Égouttez le poisson et mettez-le à refroidir sur du papier absorbant, en le couvrant avec un film alimentaire. Retirez la peau du saumon refroidi et, s'il en reste, les dernières arêtes. Effeuillez la chair au-dessus d'un bol.

4. Ajoutez le saumon fumé et le fromage blanc. Travaillez le mélange à la fourchette, jusqu'à ce qu'il soit bien homogène. Salez et poivrez, ajoutez la ciboulette et l'échalote, puis mélangez à nouveau.

5. Mettez dans une terrine en porcelaine. Égalisez la surface et placez au moins 2 heures au réfrigérateur. Décorez de brins de ciboulette au moment de servir et accompagnez de quartiers de citron.

POUR LES REPAS FESTIFS ★★★

TARAMA

Pour 8 personnes
Préparation : 12 minutes

300 g d'œufs de mulet (à défaut, d'œufs de cabillaud)
250 g de pain de mie légèrement rassis
10 cl de lait
3 cuil. à soupe de jus de citron
8 cl d'huile de pépins de raisin
Sel et poivre

1. Retirez la peau de la poche d'œufs de mulet (conservez-la si vous souhaitez donner un petit goût fumé à votre tarama). Émiettez le bloc d'œufs, et versez ces derniers dans le bol d'un mixeur.

2. Versez le lait dans une assiette creuse. Passez rapidement les tranches de pain de mie dans le lait, puis ajoutez-les aux œufs de poisson. Salez et poivrez, incorporez le jus de citron. Mixez de 15 à 20 secondes.

3. Réduisez la vitesse sur la position la moins rapide et ajoutez l'huile de pépins de raisins en filet pour monter le tarama comme une mayonnaise. Versez dans un bol, rectifiez l'assaisonnement et réservez au frais.

4. Servez avec des blinis ou des toasts de pain de mie grillés.

SAVEURS D'AILLEURS

CRÈME DE POIVRONS ROUGES
au sésame croquant

Pour 6 personnes
Préparation : 25 minutes
Cuisson : 35 minutes
Repos : 15 minutes

6 poivrons rouges
2 gousses d'ail
100 g de feta
120 g de graines de sésame blanc
1 filet de jus de citron
4 cuil. à soupe d'huile d'olive
1 pincée de coriandre en poudre
Sel et poivre

1. Préchauffez le four à 180 °C (th. 6). Enveloppez chaque poivron dans une papillote de papier d'aluminium. Rangez les poivrons sur une plaque et enfournez. Laissez cuire pendant 35 minutes.

2. Retirez les papillotes du four, puis mettez-les dans un sac de type « congélation ». Laissez refroidir pendant 15 minutes. Sortez les poivrons rouges, retirez leur peau, supprimez graines et pédoncules et égouttez bien.

3. Mettez la chair des poivrons dans le bol d'un mixeur. Ajoutez les gousses d'ail pelées et coupées en quatre, le jus de citron, la coriandre, du sel et du poivre. Mixez jusqu'à obtenir une préparation lisse. Réglez l'appareil sur la vitesse minimale, puis incorporez l'huile d'olive en filet. Versez le mélange obtenu dans une jatte.

4. Émiettez la feta, écrasez-la à la fourchette et incorporez-la à la mousse. Réservez au frais.

5. Juste avant de servir, faites griller à sec les graines de sésame dans une poêle antiadhésive pendant 2 minutes, en remuant régulièrement. Quand les graines sont bien croquantes, versez-les dans la crème de poivrons et mélangez. Servez immédiatement.

POUR LES DÎNERS D'ÉTÉ

RILLETTES DE HADDOCK
à la patate douce

Pour 6 à 8 personnes
Préparation : 30 minutes
Cuisson : 15 minutes
Réfrigération : 2 heures

200 g de filets de haddock
150 g de patate douce
(ou, à défaut, de potimarron)
2 petits oignons nouveaux
70 g de beurre
50 cl de lait
10 cl de crème fraîche
Sel et poivre du moulin

1. Épluchez la patate douce et coupez-la en cubes. Parez les oignons. Hachez-les finement avec 2 ou 3 cm de la tige verte.

2. Faites cuire la patate douce de 10 à 15 minutes à l'eau bouillante légèrement salée, jusqu'à ce qu'elle soit très tendre. Égouttez-la et laissez refroidir.

3. Mettez le filet de haddock dans une casserole, recouvrez-le du lait et chauffez doucement. Retirez du feu dès les premiers frémissements, en veillant à ne pas atteindre l'ébullition. Sortez-le à l'aide d'une écumoire et laissez-le refroidir sur du papier absorbant.

4. Mettez les cubes de patate douce dans un grand bol, puis écrasez-les à la fourchette, en incorporant progressivement le beurre et la crème.

5. Éliminez la peau et les dernières arêtes du haddock. Émiettez-le dans un second bol. Réunissez les deux préparations, ajoutez l'oignon haché, salez et poivrez, puis mélangez pour bien homogénéiser l'ensemble.

6. Mettez en terrine ou dans des ramequins individuels, sans tasser, et placez au moins 2 heures au réfrigérateur avant de servir.

POUR LES SUPER GOURMANDS
★★★

SAUCE AU YAOURT

Pour 4 personnes
Préparation : 5 minutes
Cuisson : 10 secondes

1 yaourt à la grecque
1 cuil. à soupe de moutarde
1 cuil. à soupe de miel liquide
1 cuil. à soupe de jus de citron
2 ou 3 tiges de ciboulette

1. Versez le miel dans un bol et faites-le tiédir pendant 10 secondes au four à micro-ondes.

2. Ajoutez le jus de citron et mélangez. Ensuite incorporez la moutarde.

3. Versez le yaourt dans un autre bol, ajoutez la préparation à la moutarde et mélangez très rapidement pour obtenir une sauce marbrée.

4. Émincez très finement la ciboulette et parsemez-la sur la sauce avant de la servir, accompagnée de pain, de tortillas chips ou de sablés apéritifs.

100 % TRADITION

DIP DE RADIS AU CERFEUIL,
chips de betterave

Pour 4 personnes
Préparation : 15 minutes
Cuisson : 30 minutes

Pour le dip :
10 radis (50 g)
100 g de fromage blanc
½ échalote
5 branches de cerfeuil
Sel et poivre du moulin

Pour les chips de betterave :
2 betteraves rondes crues
2 capsules de cardamome (ou de la cardamome en poudre)
Huile d'arachide

1. Préchauffez le four à 150 °C (th. 5).

2. Préparez les chips : pelez et rincez les betteraves avant de les essuyer sur un papier absorbant. Coupez-les à la mandoline et déposez-les sur une feuille de silicone posée sur une grille du four. Huilez les tranches au pinceau et saupoudrez de cardamome. Enfournez pour 30 minutes. Laissez refroidir sur la grille à la sortie du four.

3. Préparez le dip : coupez les queues des radis et grattez-les. Pelez et hachez l'échalote. Mixez-la avec les radis, le cerfeuil effeuillé, le fromage blanc, du sel et du poivre.

4. Goûtez, rectifiez l'assaisonnement si nécessaire, et réservez au frais.

5. Présentez le dip aux radis entouré des chips de betterave sur une grande assiette de service.

POUR LES REPAS FESTIFS ★★★

DIP DE POIREAUX
à l'indienne

Pour 4 personnes
Préparation : 15 minutes
Cuisson : 7 minutes
Réfrigération : 1 heure

550 g de blancs de poire au (soit environ 4 poireaux)
4 gousses d'ail
6 cuil. à soupe de crème fraîche à 15 % de MG
1 cuil. à soupe rase de curry de Bombay (doux)
2 cuil. à soupe d'huile d'olive
Sel et poivre du moulin

1. Lavez bien les poireaux, puis émincez-les. Pelez et hachez l'ail.

2. Chauffez l'huile d'olive dans une sauteuse et faites-y fondre les poireaux sur feu doux afin qu'ils restent moelleux. Salez et poivrez. Si, néanmoins, ils ont tendance à prendre trop rapidement, ajoutez un peu d'eau de temps en temps et laissez évaporer.

3. Quand les poireaux sont bien tendres, parfumez-les avec l'ail haché et le curry. Laissez cuire 5 minutes environ.

4. Mixez les poireaux à chaud avec la crème jusqu'à ce que vous obteniez une mousseline très fine.

5. Une fois refroidi, placez le dip au moins 1 heure au réfrigérateur. Avant de servir, mélangez-le, puis versez-le dans un bol. Ses complices gourmands : des gressins, nature ou au sésame !

★★★ SAVEURS D'AUTOMNE ★★★

MOUSSE D'ARTICHAUT
aux pignons de pin

Pour 4 personnes
Préparation : 15 minutes
Cuisson : 20 minutes

300 g de fonds d'artichaut
200 g de ricotta
25 cl de lait
25 cl de bouillon de volaille
125 g de pignons de pin
4 cuil. à soupe de crème fraîche
4 cuil. à soupe de basilic ciselé
2 cuil. à soupe de menthe ciselée
Sel et poivre

1. Faites légèrement griller les pignons de pin à sec dans une petite poêle (quelques minutes en les surveillant bien, car ils roussissent facilement), puis broyez-les rapidement au mixeur pour les réduire en poudre. Mettez-les dans un petit saladier en verre.

2. Faites chauffer le lait, versez-le sur la poudre de pignons de pin en fouettant, mixez à nouveau, salez légèrement. Fouettez la crème bien froide et ajoutez-la à la préparation précédente. Mixez à nouveau et réservez au frais.

3. Mettez les fonds d'artichaut dans une casserole, couvrez de bouillon, salez et poivrez. Faites-les cuire jusqu'à ce qu'ils soient tendres (15 à 20 minutes), puis mixez-les en incorporant la menthe et la ricotta bien froide. Le mélange doit être presque mousseux.

4. Répartissez la préparation dans des bols, ajoutez le mélange mousseux aux pignons de pin et parsemez de basilic ciselé. Servez aussitôt.

POUR LES SUPER GOURMANDS ★★★

DIP DE NOIX DE COCO *à l'aneth*

Pour 4 personnes
Préparation : 5 minutes
Réfrigération : 30 minutes

300 g de ricotta
1 citron
4 gousses d'ail
2 cuil. à soupe d'aneth ciselé
+ 1 brin entier
5 cl de lait de coco
80 g de noix de coco râpée
Sel et poivre du moulin

1. Dans une jatte, battez la ricotta au fouet avec la noix de coco râpée et l'ail haché. Salez et poivrez. Ajoutez ensuite le lait de coco, le jus du citron et l'aneth, puis mélangez bien.

2. Réservez la préparation 30 minutes au frais.

3. Fouettez le dip une dernière fois, transvasez-le dans une coupelle, et ajoutez un brin d'aneth.

4. Servez aussitôt. De nombreux accompagnements sont possibles : crackers, gressins, sablés au fromage...

POUR LES DÎNERS D'ÉTÉ

COMPOTÉE DE TOMATES
au cumin et à la menthe

★★★ VEGAN ★★★

Pour 4 personnes
Préparation : 10 minutes
Cuisson : 45 minutes
Réfrigération : 1 heure

5 tomates bien mûres
2 oignons rouges
2 cuil. à soupe de menthe hachée + 1 feuille
1 cuil. à soupe de graines de cumin
1 cuil. à soupe d'huile d'olive
Sel et poivre du moulin

1. Dans une casserole, chauffez l'huile d'olive et faites-y dorer les oignons finement émincés. Lorsqu'ils ont pris une belle couleur, ajoutez les graines de cumin et laissez revenir 2 minutes.

2. Incorporez ensuite les tomates lavées et coupées en petits dés. Salez, poivrez et faites-les mijoter environ 40 minutes sur feu doux. Elles vont ainsi « compoter » doucement jusqu'à l'obtention d'un mélange assez épais et d'aspect caramélisé.

3. Laissez complètement refroidir, puis ajoutez la menthe et placez le tout au moins 1 heure au réfrigérateur.

4. Au dernier moment, mélangez le dip et versez-le dans un bol. Décorez d'une feuille de menthe et servez-le bien froid accompagné de papadums (chips indiennes), de bruschettas ou de toasts de pain de campagne.

DIP FORESTIER
au gingembre

Pour 4 personnes
Préparation : 10 minutes
Cuisson : 5 minutes
Réfrigération : 1 heure

260 g de champignons de Paris
30 g de lardons fumés
150 g de ricotta
120 g de yaourt brassé
1 cuil. à café bombée de gingembre frais haché
1 gousse d'ail
1 cuil. à soupe d'huile d'olive
Sel et poivre du moulin

1. Chauffez l'huile d'olive dans une poêle et faites-y revenir les champignons préalablement lavés et émincés avec les lardons. Poivrez et laissez-les bien dorer.

2. Ajoutez ensuite le gingembre et l'ail hachés, et laissez cuire encore 2 minutes.

3. Passez le tout au mixeur afin d'obtenir un hachis très fin. Incorporez la ricotta et le yaourt, et mixez de nouveau.

4. Transvasez la préparation dans une jatte, salez, poivrez, et réservez au moins 1 heure au frais. Servez avec des gressins au sésame ou des rondelles de baguette grillées.

★★★
SAVEURS D'AUTOMNE
★★★

DIP BAIE D'ALONG
aux shiitakés et au sésame

Pour 4 personnes
Préparation : 10 minutes
Cuisson : 5 minutes
Réfrigération : 1 heure

100 g de shiitakés frais (champignons parfumés)
150 g de St Môret®
4 cuil. à soupe de lait
3 cuil. à soupe d'huile d'olive
1 cuil. à soupe de crème fraîche à 15 % de MG
1 cuil. à soupe de nuoc-mâm
1 cuil. à soupe d'huile de sésame
1 cuil. à soupe de jus de citron
1 pointe de purée de piments
1 cuil. à soupe de graines de sésame
Poivre du moulin

1. Chauffez l'huile d'olive dans une sauteuse et faites-y revenir les shiitakés lavés et émincés.

2. Mixez-les avec le nuoc-mâm, l'huile de sésame, le citron, la purée de piments, le St Môret®, la crème fraîche et le lait jusqu'à l'obtention d'une crème homogène. Poivrez très légèrement.

3. Ajoutez les graines de sésame – conservez-en quelques-unes pour la décoration – et réservez le tout 1 heure au frais.

4. Mélangez le dip. Versez-le dans un bol et parsemez de graines de sésame.

5. Servez-le avec des bâtonnets de pain grillé.

★★★ SAVEURS D'AILLEURS ★★★

DIP DE CACAHUÈTES

Pour 4 personnes
Préparation : 5 minutes
Réfrigération :
30 minutes

320 g de Kiri®
70 g de cacahuètes salées
+ quelques cacahuètes
pour le décor
1 petite gousse d'ail
4 cuil. à soupe de lait
Poivre du moulin

1. Dans un mini-hachoir, mixez finement les cacahuètes et l'ail.

2. Dans une jatte, écrasez les Kiri® à l'aide d'une cuillère, pour en faire une crème souple. Ajoutez les cacahuètes et malaxez bien le tout. Incorporez le lait, poivrez très légèrement et mélangez de nouveau.

3. Placez le dip 30 minutes au frais puis, au moment de servir, donnez un dernier coup de cuillère pour bien lisser la préparation et versez-la dans un bol.

4. Décorez de quelques cacahuètes supplémentaires puis servez avec des gressins ou des mouillettes de pain grillé.

SAVEURS D'AILLEURS

SAUCE À L'AIL
et aux herbes aromatiques

Pour 4 personnes
Préparation : 12 minutes

3 gousses d'ail pelées et écrasées
1 bouquet de persil plat
½ botte de coriandre
1 citron confit
1 cuil. à café de cumin moulu
1 cuil. à café de paprika doux
1 pointe de couteau de purée de piments
6 cuil. à soupe d'huile d'olive
1 cuil. à café de sucre roux
Sel et poivre

1. Mélangez dans un saladier les herbes lavées, épongées et finement ciselées, les gousses d'ail écrasées, l'huile d'olive et les épices.

2. Découpez le zeste du citron confit en fines lanières et ajoutez-les au mélange.

3. Assaisonnez avec le sel, le poivre et terminez par le piment et le sucre.

4. Mélangez bien et servez sur des tranches de pain grillées.

SPÉCIAL SAVEURS RELEVÉES ★★★

SAUCE PIMENTÉE

Pour 4 personnes
Préparation : 15 minutes
Cuisson : 15 minutes

250 g de tomates pelées en conserve
100 ml de bouillon de légumes
2 cuil. à soupe d'huile d'olive
1 gousse d'ail pelée et écrasée
1 échalote moyenne, pelée et émincée
1 petit piment rouge épépiné et finement haché
½ cuil. à café de sucre roux
½ cuil. à café de paprika doux moulu
2 pincées de piment de Cayenne moulu
Sel et poivre du moulin

1. Concassez grossièrement les tomates égouttées.

2. Faites revenir l'échalote, le piment et l'ail dans l'huile chaude sans leur faire prendre de couleur.

3. Ajoutez les tomates concassées et le bouillon, laissez réduire 15 minutes.

4. Assaisonnez de sel, poivre, piment de Cayenne, sucre roux et paprika.

5. Mixez finement la sauce et servez-la, par exemple, avec du pain grillé, ou en base pour réaliser des crostini.

MOUSSE DE RICOTTA
aux tomates séchées, chips de sarrasin

Pour 4 personnes
Préparation : 20 minutes
Cuisson : 10 minutes

Pour la mousse de ricotta :
200 g de ricotta
6 pétales de tomates séchées
2 pincées de piment d'Espelette (ou de Cayenne)
1 cuil. à soupe de basilic ciselé
Sel et poivre du moulin

Pour les chips de sarrasin :
25 g de farine de sarrasin
1 blanc d'œuf
2 cuil. à soupe d'huile
1 pincée de sel

1. Préchauffez le four à 150 °C (th. 5). Préparez les chips en mélangeant les ingrédients dans l'ordre.

2. Répartissez la préparation sur une feuille de cuisson en silicone à l'aide d'une cuillère à café, en formant une dizaine de petits tas espacés. Étalez avec le dos de la cuillère de façon à former une très fine couche. Enfournez pour 10 minutes, jusqu'à coloration.

3. Préparez la mousse : mélangez la ricotta avec le basilic, le piment, du sel et du poivre.

4. Coupez les pétales de tomates séchées en tout petits dés et mélangez-les à la ricotta. Réservez la mousse au réfrigérateur jusqu'au moment de servir.

5. Servez la mousse avec les chips de sarrasin.

POUR LES
REPAS FESTIFS

SAUCE À LA FOURME D'AMBERT, *carrés aux herbes*

Pour 10 personnes
Préparation : 30 minutes
Cuisson : 6 minutes

Pour la sauceau bleu :
150 g de fourme d'Ambert
15 feuilles de basilic
15 tiges de ciboulette
80 g de crème fraîche
1 cuil. à soupe de porto blanc ou rouge
6 tours de poivre du moulin

Pour les carrés aux herbes :
80 g de beurre
3 cuil. à soupe d'herbes séchées mélangées (thym, origan...)
2 cuil. à café de graines de fenouil
6 feuilles de pain lavash
Sel et poivre

1. Préchauffez le four à 180 °C (th. 6). Préparez la sauce au bleu : dans le bol d'un robot, hachez les herbes fraîches, ajoutez le fromage émietté, la crème fraîche, le porto et le poivre. Mélangez, versez dans un bol et réservez.

2. Faites fondre le beurre dans une petite casserole. À l'aide d'un pinceau, badigeonnez de beurre fondu les feuilles de pain lavash sur chaque face.

3. Saupoudrez d'herbes séchées la moitié des feuilles de pain lavash et de graines de fenouil l'autre moitié. Salez et poivrez. Découpez le pain lavash en bandes de 5 cm de large, puis recoupez-les en carrés de 5 x 5 cm.

4. Placez les petits carrés de pain lavash sur une plaque de cuisson et enfournez pour 6 minutes. Laissez refroidir à la sortie du four.

5. Placez les petits carrés aux herbes dans un plat de présentation et dégustez avec la sauce.

★★★ 100 % TENDANCE ★★★

LA CRÈME DES FROMAGES

Pour 4 personnes
Préparation : 5 minutes
Réfrigération : 1 heure

1 camembert bien fait
130 g de mascarpone
3 cuil. à soupe de crème fraîche à 15 % de MG
1 gousse d'ail
Brins de roquette
Sel et poivre du moulin

1. Après avoir retiré la croûte du camembert, battez-le au fouet dans une jatte avec le mascarpone et la crème fraîche. Lorsque le mélange est homogène, ajoutez l'ail haché, du sel et du poivre.

2. Réservez le dip au moins 1 heure au réfrigérateur. Veillez à le sortir 15 minutes avant de le déguster pour qu'il soit bien frais, tout en restant souple.

3. Répartissez la crème dans quatre petites coupelles ou verrines, et décorez d'un brin de roquette.

4. Servez avec du pain d'épice, de la baguette ou du pain de campagne.

POUR LES SUPER GOURMANDS ★★★

DIP DE CHÈVRE FRAIS
à la coriandre

Pour 4 personnes
Préparation : 5 minutes
Réfrigération :
30 minutes

200 g de sainte-maure (fromage de chèvre) cendré
1 gousse d'ail hachée
2 citrons verts
2 cuil. à soupe de coriandre hachée
Poivre du moulin

1. Retirez la cendre du fromage, puis écrasez-le à la fourchette. Mettez de côté une rondelle de citron vert.

2. Placez le fromage dans une jatte et ajoutez le jus des citrons, la coriandre et l'ail hachés. Poivrez légèrement et battez le tout énergiquement au fouet.

3. Réservez la préparation au moins 30 minutes au frais. Avant de servir, mélangez le dip. Versez-le dans un ramequin et décorez de la rondelle de citron vert.

4. Servez sur des toasts de pain de campagne grillés.

POUR LES
ACCROS DE
LA BALANCE
★★★

CRÈME DE CHÈVRE
à la roquette

Pour 4 personnes
Préparation : 5 minutes
Réfrigération :
30 minutes

180 g de bûche de chèvre
4 cuil. à soupe de crème fraîche à 15 % de MG
10 g de roquette
1 petite gousse d'ail
Sel et poivre du moulin

1. Retirez soigneusement la croûte de la bûche.

2. Écrasez le chèvre à la fourchette, puis transvasez-le dans une jatte. Incorporez l'ail haché et la crème fraîche. Battez énergiquement au fouet jusqu'à ce que la préparation soit homogène.

3. Salez, poivrez et ajoutez la roquette, préalablement lavée et hachée grossièrement au couteau.

4. Mélangez bien le dip, versez-le dans un bol et laissez-le 30 minutes au frais avant de servir avec des tranches de pain grillées.

POUR LES REPAS FESTIFS
★★★

DIP DE MUNSTER
au poivre vert

Pour 4 personnes
Préparation : 5 minutes
Réfrigération :
30 minutes

200 g de munster
100 g de Saint-Môret®
1 cuil. à soupe de poivre vert
au vinaigre + quelques grains
pour la décoration

1. Retirez la croûte du munster, puis écrasez le fromage à la fourchette.

2. Transvasez-le dans une jatte, ajoutez le Saint-Môret® et battez le tout énergiquement au fouet.

3. Égouttez les grains de poivre vert et écrasez-les au pilon dans un mortier jusqu'à l'obtention d'une pâte. Incorporez-la aux fromages et mélangez bien.

4. Placez la jatte au réfrigérateur pendant 30 minutes pour bien rafraîchir la préparation.

5. Donnez ensuite un ou deux coups de fouet, puis versez le dip dans un bol et parsemez de grains de poivre vert.

6. Accompagnez-le de tranches de pain frais ou grillées, ou de crackers.

★★★
100 %
TRADITION
★★★

MOUSSE DE RICOTTA
aux légumes, sur blinis

Pour 5 personnes
Préparation : 20 minutes
Cuisson : 4 minutes

Pour 15 blinis :
1 œuf entier + 2 blancs
13 cl de lait demi-écrémé
100 g de farine de sarrasin (blé noir)
2 cuil. à café de graines de lin
1 cuil. à soupe d'huile pour la poêle
Sel

Pour la mousse de ricotta aux légumes grillés :
250 g d'un mélange de légumes grillés surgelés (aubergine, poivron, courgette)
250 g de ricotta
1 cuil. à soupe de basilic ciselé
2 pincées de piment d'Espelette (ou de Cayenne)
Sel et poivre du moulin

1. Préparez les blinis. Dans un saladier, mélangez au fouet la farine tamisée avec l'œuf entier. Réduisez les graines de lin en poudre et ajoutez-les dans la pâte. Incorporez ensuite le lait, puis 1 pincée de sel. Réservez.

2. Montez les blancs en neige ferme avec une pincée de sel. Icorporez-les délicatement à la pâte.

3. Huilez légèrement au pinceau le fond d'une poêle à blinis (ou, à défaut, une grande poêle dans laquelle vous pourrez faire cuire plusieurs blinis en même temps) et chauffez-la sur feu doux. Versez-y 1 cuillerée à soupe de la pâte à blinis et faites cuire 2 minutes de chaque côté. Procédez de même avec le reste de pâte. Laissez tiédir les blinis.

4. Préparez la mousse. Mélangez la ricotta avec le basilic, le piment, le sel et le poivre du moulin. Coupez les légumes grillés en tout petits dés et mélangez-les à la ricotta.

5. Quand les blinis sont tièdes, étalez 1 cuillerée à soupe de mousse à la ricotta sur chacun d'eux et disposez-les sur une grande assiette de service.

POUR LES
ACCROS DE LA BALANCE
★★★

RILLETTES DE VEAU
à l'estragon

Pour 8 à 10 personnes
Préparation : 30 minutes
Cuisson : 2 h 30
Réfrigération : 2 heures

1 kg de veau (tendron ou collier)
20 feuilles environ d'estragon
10 cl de crème épaisse
40 g de beurre
1 oignon
1 carotte
2 clous de girofle
2 cuil. à soupe d'huile (maïs ou tournesol)
Sel et poivre du moulin

★★★ 100 % TRADITION ★★★

1. Épluchez l'oignon et piquez-le des clous de girofle. Pelez et lavez la carotte. Ciselez la moitié de l'estragon. Coupez le veau en cubes de 3 ou 4 cm, en éliminant une partie du gras et les cartilages.

2. Chauffez l'huile dans une cocotte et faites rissoler les morceaux de veau 2 ou 3 minutes, en remuant pour qu'ils dorent légèrement. Ajoutez le beurre, les feuilles d'estragon entières, la carotte, l'oignon, salez et poivrez. Laissez mijoter encore 5 minutes sur feu doux. Versez juste assez d'eau pour recouvrir la viande, amenez à petits frémissements, puis couvrez et faites cuire 2 h 30 sur feu très doux.

3. Découvrez à mi-cuisson pour qu'il ne reste qu'un jus épais. Récupérez la viande avec une écumoire et posez-la sur un plat. Effilochez-la dans un grand bol. Ajoutez l'estragon ciselé, une petite louche de jus de cuisson et la crème. Travaillez le mélange à la fourchette ou à la spatule pour écraser la viande et bien homogénéiser l'ensemble.

4. Goûtez, rectifiez l'assaisonnement et mélangez à nouveau. Mettez en terrine ou dans des ramequins individuels. Laissez reposer 2 heures au réfrigérateur avant de servir sur du pain de campagne.

TERRINE DE LAPIN
au poivre vert

Pour 4 personnes
Préparation : 30 minutes
Cuisson : 1 h 30 à 2 heures
Réfrigération : 12 heures

1 lapin coupé en morceaux
2 oignons
2 gousses d'ail
Quelques feuilles de basilic
1 feuille de laurier
2 pincées de romarin
1 clou de girofle
50 cl de vin blanc sec
1 cuil. à soupe de poivre vert
1 cuil. à soupe d'huile d'olive
Sel et poivre du moulin

100 % TRADITION

1. Pelez et hachez les oignons et les gousses d'ail. Mettez l'huile à chauffer doucement dans une cocotte, ajoutez les oignons et l'ail et faites-les revenir en remuant de temps en temps jusqu'à ce qu'ils soient translucides.

2. Ajoutez les morceaux de lapin, le basilic, le laurier, le romarin et le clou de girofle, salez, poivrez et remuez bien. Versez le vin blanc et juste assez d'eau pour recouvrir la viande. Portez à ébullition, puis couvrez en interposant une feuille d'aluminium froissée entre le couvercle et la cocotte. Baissez le feu et laissez mijoter de 1 h 30 à 2 heures.

3. Sortez les morceaux de lapin de la cocotte à l'aide d'une écumoire et laissez-les tiédir. Faites réduire le bouillon de cuisson sur feu vif pour n'en conserver que le quart environ.

4. Retirez tous les os des morceaux de lapin et mettez la viande au fur et à mesure dans un saladier. Ajoutez le poivre vert et le jus de cuisson réduit, et travaillez l'ensemble à la fourchette jusqu'à ce que la viande soit bien émiettée et le mélange homogène.

5. Versez les rillettes dans une terrine et tassez-les bien. Couvrez et mettez au réfrigérateur pendant au moins 12 heures. Servez avec des tranches de pain grillées.

RILLETTES DE POULET
aux courgettes et au chèvre frais

Pour 6 à 8 personnes
Préparation : 40 minutes
Cuisson : 45 minutes

2 cuisses de poulet
1 courgette (150 g environ)
100 g de fromage de chèvre frais
1 tige de basilic
2 gousses d'ail
1 tablette de concentré de bouillon de volaille
10 cl + 1 cuil. à soupe d'huile d'olive
Fleur de sel et poivre du moulin

POUR LES DÎNERS D'ÉTÉ

1. Préparez 50 cl de bouillon dans une casserole avec la tablette de concentré. Pelez et écrasez les gousses d'ail. Lavez la courgette, retirez les extrémités et taillez-la en petits dés. Détachez de la tige de basilic la valeur de 2 cuillerées à soupe de feuilles. Ciselez-les.

2. Épongez bien les cuisses de poulet et mettez-les dans le bouillon. Amenez à frémissements et faites cuire de 40 à 45 minutes sur feu très doux, jusqu'à ce que la chair se détache spontanément des os. Retirez du feu et laissez refroidir. Faites revenir les dés de courgette 3 ou 4 minutes sur feu moyen dans une poêle, avec 1 cuillerée à soupe d'huile d'olive, jusqu'à ce qu'ils soient tendres. Salez, poivrez et laissez refroidir.

3. Préparez un pesto en mixant l'ail et le basilic avec une pincée de fleur de sel et 10 cl d'huile d'olive. Égouttez les cuisses de poulet à l'aide d'une écumoire et posez-les sur un plat. Retirez la peau et désossez-les. Effilochez la chair du bout des doigts.

4. Dans un bol, malaxez le chèvre frais et le pesto à la spatule, jusqu'à ce que l'ensemble soit bien homogène. Incorporez le poulet en mélangeant vivement. Ajoutez les dés de courgette et remuez bien. Goûtez et rectifiez l'assaisonnement.

5. Répartissez dans des verrines, servez avec des tranches de pain de campagne grillées.

TARTARE DE CANARD

Pour 25 cuillères
Préparation : 30 minutes
Réfrigération : 1 heure

2 magrets de canard
½ blanc de poireau
1 échalote
15 branches de ciboulette
½ botte de coriandre
4 g de gingembre frais
1 cuil. à café de miel liquide
1 cuil. à soupe de moutarde
1 cuil. à café de sauce soja
1 cuil. à soupe de vinaigre balsamique
10 cl d'huile de noisette
10 cl d'huile de sésame
½ cuil. à café de piment d'Espelette
Sel et poivre

1. Détaillez les magrets de canard en tout petits dés. Lavez le poireau, la ciboulette et la coriandre, puis séchez-les. Épluchez l'échalote. Ciselez finement le poireau, l'échalote, la ciboulette et la coriandre (en conservant 25 petites feuilles pour la décoration). Râpez le gingembre.

2. Préparez la vinaigrette : dans un saladier, mélangez le sel, le poivre, la moutarde, le vinaigre, le miel, la sauce soja, le piment d'Espelette et les huiles.

3. Dans un plat, mélangez le magret avec le poireau, la ciboulette, l'échalote, la coriandre et le gingembre. Versez la moitié de la vinaigrette sur les magrets et mélangez.

4. Goûtez et ajustez la quantité de vinaigrette selon votre goût. Conservez au réfrigérateur pendant 1 heure afin de permettre aux parfums de se mêler.

5. Présentez le tartare sur des tranches de baguette très finement coupées et grillées.

TERRINE D'AGNEAU ÉPICÉE

SAVEURS D'AILLEURS

Pour 4 personnes
Préparation : 25 minutes
Cuisson : 2 heures
Réfrigération : 2 heures

750 g d'épaule d'agneau désossée
1 oignon
1 gousse d'ail
1 cuil. à soupe de coriandre ciselée
1 brin de thym
50 cl de vin blanc sec
1 cuil. à café de coriandre moulue
1 cuil. à soupe de cumin moulu
1 dose de safran
2 cuil. à soupe d'huile d'olive
1 feuille de gélatine
Sel et poivre du moulin

1. Essuyez soigneusement la viande et détaillez-la en cubes de 2 cm environ. Épluchez et émincez l'oignon, faites-le fondre dans une cocotte avec l'huile d'olive. Quand il est translucide, ajoutez l'agneau, les épices en poudre et remuez bien.

2. Laissez mijoter 10 minutes, puis versez le vin blanc. Ajoutez l'ail en chemise et le thym, salez, poivrez, et portez à ébullition. Écumez, baissez le feu, couvrez et laissez cuire environ 2 heures.

3. Faites tremper la gélatine dans un bol d'eau froide. À l'aide d'une écumoire, retirez les morceaux d'agneau de la cocotte et mettez-les dans une terrine, en tassant bien.

4. Égouttez la gélatine et faites-la fondre dans le liquide de cuisson chaud. Retirez l'ail et le thym, ajoutez la coriandre ciselée et versez sur la viande, en faisant bien glisser le liquide dans les interstices. Laissez refroidir et réservez au moins 2 heures au réfrigérateur.

RILLETTES DE POULET
au curry et au poivron

Pour 6 à 8 personnes
Préparation : 45 minutes
Cuisson : 1 heure
Réfrigération : 2 heures

2 cuisses de poulet
1 gros poivron (vert ou rouge)
2 cuil. à soupe de yaourt brassé
1 oignon
2 cuil. à soupe de mayonnaise
1 ½ cuil. à soupe de curry en poudre
1 tablette de concentré de bouillon de volaille
2 cuil. à soupe d'huile d'olive
Sel et poivre du moulin

★★★ SAVEURS D'AILLEURS ★★★

1. Ouvrez le poivron, retirez le pédoncule et les graines. Taillez-le en bandes, puis en petits dés. Épluchez et hachez l'oignon. Dans une casserole, préparez 50 cl de bouillon avec la tablette de concentré. Ajoutez 1 cuillerée à soupe de curry et mélangez.

2. Épongez les cuisses de poulet. Mettez-les dans le bouillon au curry, en ajoutant un peu d'eau si nécessaire pour juste les recouvrir. Amenez à frémissements et faites cuire 40 minutes environ sur feu très doux, jusqu'à ce que la chair se détache spontanément des os. Retirez du feu et laissez refroidir.

3. Faites fondre l'oignon et le poivron de 15 à 20 minutes sur feu doux avec l'huile d'olive, dans une petite casserole, en remuant souvent. Salez, poivrez et laissez refroidir. Sortez les cuisses de poulet du bouillon avec une écumoire et égouttez-les sur du papier absorbant. Laissez refroidir, puis retirez la peau et désossez-les. Effilochez la chair du bout des doigts dans un bol.

4. Ajoutez la mayonnaise, le yaourt et le reste du curry, puis travaillez l'ensemble à la fourchette. Écrasez le poulet, en laissant des petits morceaux, pour obtenir des rillettes assez rustiques. Incorporez ensuite l'oignon et le poivron. Remuez délicatement pour bien homogénéiser le mélange.

5. Mettez en terrine ou dans des petits ramequins. Couvrez et réservez au moins 2 heures au frais avant de servir.

RILLETTES DE PINTADE *aux amandes et à la coriandre*

Pour 8 personnes
Préparation : 45 minutes
Cuisson : 2 heures
Réfrigération : 2 heures

1 pintade fermière de 1,5 kg
1 gros oignon
2 œufs
50 g de beurre
Quelques tiges de coriandre, menthe, persil plat
100 g d'amandes mondées
1 cuil. à soupe de sucre glace
2 doses de safran
1 cuil. à café de cannelle en poudre
Sel et poivre du moulin

POUR LES TRÈS NOMBREUX ★★★

1. Coupez la pintade en morceaux ou faites-le faire par le volailler. Épluchez et hachez assez finement l'oignon. Retirez les tiges et ciselez la valeur de 3 cuillerées à soupe de feuilles de coriandre, 2 de persil et 2 de menthe. Faites légèrement griller les amandes à sec dans une poêle antiadhésive, puis broyez-les en grosse poudre au robot avec le sucre glace.

2. Faites fondre l'oignon dans une cocotte avec le beurre. Ajoutez la pintade et retournez-la plusieurs fois. Parsemez la moitié des herbes, la cannelle et le safran. Salez et poivrez. Versez 50 cl d'eau, amenez à frémissements, puis couvrez et faites cuire de 1 h 30 à 2 heures sur feu très doux.

3. Sortez les morceaux de pintade avec une écumoire et posez-les sur un plat. Retirez la peau et les os, puis effilochez la chair dans un grand bol. Faites évaporer le liquide de cuisson pour conserver un mélange crémeux. Battez les œufs et versez-les lentement dans cette sauce, en remuant vivement pour qu'ils épaississent au fur et à mesure. Ajoutez les amandes et le reste des herbes.

4. Versez cette préparation sur la pintade et malaxez à la spatule jusqu'à ce que le mélange soit homogène. Mettez en terrine et placez celle-ci au réfrigérateur pendant au moins 2 heures. Sortez à température ambiante avant de servir.

CROSTINI AU FROMAGE
et à la grenade

Pour 4 personnes
Préparation : 10 minutes
Cuisson : 2 minutes

200 g de ricotta
70 g de pecorino fraîchement râpé
60 g de parmesan fraîchement râpé
60 g de gorgonzola
1 grenade
8 tranches de pain de mie

1. Coupez les tranches de pain de mie en quatre et passez-les au four.

2. Hachez le gorgonzola après avoir retiré la croûte.

3. Dans un saladier, mélangez le pecorino, la ricotta, le gorgonzola et le parmesan jusqu'à l'obtention d'une crème.

4. Versez la crème dans une poche à douille et étalez-la sur les tranches de pain de mie.

5. Disposez les crostini sur un plateau, parsemez-les de quelques graines de grenade et servez sans tarder.

★★★ 100 % TENDANCE ★★★

CROSTINI AUX POIRES,
au brie et aux noisettes

Pour 4 personnes
Préparation : 10 minutes
Cuisson : 5 minutes

240 g de brie
3 poires williams
60 g de noisettes (poids net)
60 g de beurre
1 grosse échalote
¾ de verre de vin moelleux
2 pincées de cannelle
8 tranches de pain de mie complet

1. Coupez chaque tranche de pain en deux dans la diagonale et faites griller les triangles ainsi obtenus au four ou au grille-pain. Mixez grossièrement les noisettes. Épluchez les poires. Coupez le brie en tranches.

2. Pelez l'échalote, émincez-la très finement, puis faites-la revenir dans une poêle avec le beurre. Ajoutez les poires émincées. Versez le vin et faites cuire sur feu vif pendant 2 minutes. Égouttez, déposez les poires sur du papier absorbant et parsemez de cannelle.

3. Préchauffez le four à 250 °C (th. 8-9). Disposez sur chaque tranche de pain du brie, des poires et des noisettes.

4. Passez les crostini au four pendant 3 minutes environ jusqu'à ce que le fromage ait fondu, puis servez sans tarder.

POUR LES SUPER GOURMANDS ★★★

BRUSCHETTA AU CHÈVRE
et aux herbes fraîches

Pour 4 personnes
Préparation : 5 minutes

240 g de chèvre frais
1 cuil. à soupe de miel d'acacia
1 bouquet d'herbes parfumées (basilic, romarin, thym)
8 petites tranches de pain complet

POUR LES ACCROS DE LA BALANCE

1. Passez le pain au grille-pain.

2. Lavez et hachez les feuilles des herbes parfumées.

3. Recouvrez le fromage de chèvre avec les herbes, puis coupez-le en tranches épaisses.

4. Déposez le fromage sur les tranches de pain et recouvrez d'un filet de miel, puis servez sans tarder.

BRUSCHETTA MOZZARELLA
de bufflonne fondue et origan

Pour 4 personnes
Préparation : 10 minutes
Cuisson : 3 minutes

400 g de mozzarella de bufflonne
4 tomates
100 g d'olives taggiasche dénoyautées
8 pincées d'origan
8 tranches de pain de campagne de ½ cm d'épaisseur
4 cuil. à soupe d'huile d'olive extra-vierge
Sel et poivre du moulin

1. Préchauffez le four à 250 °C (th. 8-9).

2. Coupez en dés la mozzarella de bufflonne et coupez les tomates en rondelles. Laissez égoutter ces deux ingrédients séparément.

3. Pendant ce temps, faites griller les tranches de pain, puis disposez sur chacune d'elles les morceaux de mozzarella. Ajoutez une bonne pincée d'origan, ½ cuillerée d'huile d'olive, salez et poivrez.

4. Passez les bruschettas au four de 2 à 3 minutes, puis servez-les accompagnées des tomates en tranches et de quelques olives taggiasche.

POUR LES
ENFANTS
SAGES
★★★

BRUSCHETTA AUX POIVRONS
et chèvre frais

Pour 4 personnes
Préparation : 15 minutes
Cuisson : 15 minutes

80 g de chèvre frais
2 poivrons rouges moyens
2 poivrons jaunes moyens
4 belles tranches de pain de campagne
Quelques feuilles de basilic
1 gousse d'ail
6 cuil. à soupe d'huile d'olive extra-vierge
Sel et poivre du moulin

1. Préchauffez le four à 180 °C (th. 6). Lavez les poivrons et mettez-les à griller au four jusqu'à ce que la peau noircisse. Retirez du four. Pelez les poivrons, ôtez le pédoncule, les filaments et les pépins, et coupez en lanières. Réservez dans un petit saladier.

2. Pelez, dégermez, hachez l'ail et déchirez à la main le basilic. Ajoutez aux poivrons l'ail, le basilic, du sel, du poivre et l'huile d'olive. Coupez le chèvre en dés.

3. Faites légèrement griller les tranches de pain. Déposez sur chaque tranche de pain une portion de poivrons assaisonnés et une portion de chèvre.

4. Agrémentez d'un filet d'huile d'olive et servez.

POUR LES DÎNERS D'ÉTÉ ★★★

LÉGUMES GRILLÉS,
sauce à l'asperge verte

Pour 4 personnes
Préparation : 20 minutes
Cuisson : 15 minutes

300 g de poireaux
300 g de courgettes
350 g d'asperges vertes
2 cuil. à soupe + 1 filet d'huile d'olive extra-vierge
Sel et poivre du moulin

1. Lavez tous les légumes. Coupez les courgettes en tranches fines et les poireaux en fines rondelles. Ôtez la partie fibreuse des asperges.

2. Faites cuire les asperges dans une casserole d'eau bouillante salée pendant 10 minutes environ, puis égouttez-les et mixez-les avec du sel, du poivre et un filet d'huile pour obtenir une sauce crémeuse.

3. Huilez et préchauffez la plancha (ou la poêle), puis faites cuire les courgettes et les poireaux pendant 6 minutes environ.

4. Mettez sur un plat de service les légumes cuits au fur et à mesure, puis assaisonnez-les avec la crème d'asperge.

5. Servez les légumes sur une tranche de pain de campagne grillée façon bruschetta.

POUR LES
REPAS
FESTIFS
★★★

BRUSCHETTA AUX CÈPES

Pour 4 personnes
Préparation : 10 minutes
Cuisson : 10 minutes

200 g de cèpes frais
1 gousse d'ail
1 bouquet de persil plat
8 tranches de pain de campagne
4 cuil. à soupe d'huile d'olive extra-vierge
Sel et poivre du moulin

1. Frottez les cèpes avec un torchon humide pour enlever la terre, puis émincez-les grossièrement. Lavez et hachez le persil. Pelez et dégermez la gousse d'ail.

2. Dans un saladier, mélangez les cèpes avec 2 cuillerées à soupe d'huile d'olive, l'ail et le persil. Salez et poivrez.

3. Huilez et préchauffez la plancha (ou la poêle), puis faites cuire les cèpes 5 minutes environ de chaque côté. En même temps, faites griller les tranches de pain.

4. Répartissez les cèpes sur les tranches de pain et servez aussitôt.

POUR LES REPAS FESTIFS ★★★

CROSTINI
à la scamorza fumée

Pour 4 personnes
Préparation : 5 minutes
Cuisson : 5 minutes

120 g de scamorza fumée
8 pincées d'origan séché
1 gousse d'ail pelée
8 tranches de pain de campagne de ½ cm d'épaisseur

1. Passez les tranches de pain au grille-pain, puis frottez-les avec l'ail.

2. Émincez la scamorza, disposez-la sur les tranches de pain

3. Passez le tout au four pendant quelques minutes.

4. Placez les crostini sur un plat et parsemez-les d'origan, puis servez sans tarder.

POUR LES SUPER GOURMANDS ★★★

CROQUANTS D'AVOINE,
sauce tomate-roquette

Pour 6 personnes
Préparation : 20 minutes
Repos : 30 minutes
Cuisson : 10 minutes

2 cuil. à soupe de flocons d'avoine
75 g de farine de blé T65
75 g de farine de blé T80
40 g de margarine pour cuisson
1 cuil. à café d'herbes de Provence
1 poignée de roquette
1 pincée de sel

Pour la sauce aux tomates séchées :
250 g de pulpe de tomate fraîche
5 pétales de tomates séchées
1 pincée de piment d'Espelette (ou de poivre)
1 cuil. à café de basilic ciselé
1 cuil. à soupe de vinaigre de xérès
1 cuil. à soupe d'huile d'olive

1. Préparez la sauce aux tomates séchées : mixez tous les ingrédients, puis réservez à température ambiante.

2. Préchauffez le four à 180 °C (th. 6).

3. Préparez la pâte. Versez dans un saladier les deux farines avec le sel, puis déposez au centre la margarine et 4 cuillerées à soupe d'eau. Commencez à mélanger avec les doigts, puis ajoutez les flocons d'avoine et les herbes de Provence, et continuez à pétrir. Formez une boule de pâte ferme et laissez reposer 30 minutes.

4. Étalez la pâte sur un plan de travail fariné et découpez-y des cercles de 6 à 8 cm de diamètre. Disposez-les sur une plaque de cuisson recouverte de papier sulfurisé et enfournez pour 10 minutes environ, jusqu'à légère coloration.

5. À la sortie du four, déposez sur chaque croquant un peu de sauce aux tomates séchées et quelques feuilles de roquette. Servez aussitôt.

POUR LES
REPAS FESTIFS
★★★

CROSTINI À LA CRÈME
d'artichauts et au persil

Pour 4 personnes
Préparation : 10 minutes
Cuisson : 15 minutes

4 cœurs d'artichaut
½ bouquet de persil
1 cuil. à soupe d'amandes
1 gousse d'ail pelée
4 tranches de pain de campagne de ½ cm d'épaisseur
2 cuil. à soupe d'huile d'olive extra-vierge
Sel et poivre du moulin

1. Passez les tranches de pain au grille-pain.

2. Faites revenir l'ail dans l'huile d'olive, puis ajoutez les artichauts, le persil, du sel et du poivre.

3. Faites cuire pendant une dizaine de minutes, puis mixez les artichauts avec les amandes.

4. Étalez le mélange sur les tranches de pain et servez sans tarder.

POUR LES GRANDS DÉBUTANTS ★★★

CROSTINI AU MIEL,
au roquefort et aux noix

Pour 4 personnes
Préparation : 5 minutes

100 g de roquefort
8 noix
2 cuil. à café de miel d'acacia
4 tranches de pain de mie

1. Décortiquez les noix et coupez les cerneaux en deux.

2. Passez le pain de mie au grille-pain, puis coupez chaque tranche en quatre carrés.

3. Tartinez chaque tranche de pain de mie de roquefort, ajoutez un demi-cerneau de noix et un peu de miel.

4. Servez sans tarder.

POUR LES
SUPER
GOURMANDS
★★★

FILETS DE ROUGET
sur fondue de poireaux

Pour 4 personnes
Préparation : 30 minutes
Marinade : 1 heure
Cuisson : 25 minutes

800 g de filets de rouget assez épais
12 tranches de 10 x 5 cm de pain de campagne
2 oranges amères
10 petits poireaux jeunes
1 cuil. à soupe de graines d'anis
15 cl d'huile d'olive
1 cuil. à café de moutarde forte
Sel et poivre du moulin

1. Rincez et épongez délicatement les filets de rouget et mettez-les dans un plat creux. Râpez le zeste d'une orange et pressez le jus des oranges. Mélangez le jus et le zeste. Pilez les graines d'anis. Parez les poireaux et émincez-les finement. Faites légèrement toaster les tranches de pain.

2. Mélangez dans un bol 6 cl d'huile et la moitié du jus d'orange. Ajoutez l'anis, salez et poivrez. Versez le tout sur les filets de rouget, retournez-les pour les enrober et laissez mariner 1 heure au frais à couvert.

3. Pendant ce temps, faites chauffer 2 cuillerées à soupe d'huile dans une poêle, ajoutez les poireaux et laissez-les fondre doucement en les remuant pendant une vingtaine de minutes. Salez et poivrez.

4. Au terme de la marinade, faites chauffer la plancha (ou la poêle). Mélangez dans un bol le reste de jus d'orange et la moutarde, puis ajoutez le reste d'huile d'olive en fouettant. Posez les filets de rouget sur la plancha (ou la poêle) sans les égoutter et faites-les cuire 5 minutes sur feu moyen en les retournant à mi-cuisson.

5. Répartissez la fondue de poireaux sur les tranches de pain. Déposez dessus les rougets et arrosez-les d'un filet de sauce. Servez aussitôt.

POUR LES REPAS FESTIFS ★★★

SAINT-JACQUES,
poireaux et truffe

Pour 4 personnes
Préparation : 20 minutes
Cuisson : 15 minutes

12 noix de saint-jacques
Le jus de 1 citron
2 ou 3 petits poireaux minces
1 truffe noire fraîche
150 g de beurre
8 tranches carrées de pain complet de 8 cm de côté environ
Sel de Guérande et poivre

1. Rincez et épongez les noix de saint-jacques. Faites-les pocher pendant quelques minutes dans une casserole d'eau frémissante où vous aurez ajouté le jus de citron. Égouttez-les et détaillez-les en lamelles. Gardez-les tièdes.

2. Parez et lavez les poireaux, gardez juste un peu de vert et taillez-les en filaments. Faites-les cuire dans une casserole avec 50 g de beurre, du sel et du poivre, en les remuant jusqu'à ce qu'ils soient bien tendres.

3. Nettoyez et pelez la truffe. Taillez-la en fines lamelles.

4. Faites griller les tranches de pain complet. Tartinez-les de beurre, puis disposez au milieu l'effilochée de poireaux et tout autour les lamelles de saint-jacques. Décorez avec les lamelles de truffe, ajoutez une pincée de sel de Guérande et servez tiède.

POUR LES
REPAS
FESTIFS
★★★

TARTINES NORDIQUES,
harengs et œufs de saumon

Pour 4 personnes
Préparation : 20 minutes
Marinade : 12 heures
Cuisson : 20 minutes

200 g de harengs fumés
1 pot d'œufs de saumon
4 tranches de pain de seigle noir rugbrød
150 g de fromage à tartiner (type Philadelphia®)
5 petites pommes de terre roseval
½ oignon rouge
1 morceau de 3 cm de gingembre frais
4 brins d'aneth
50 g de cornichons aigres-doux
1 cuil. à café de sucre en poudre
8 gousses de cardamome verte
8 cl d'huile d'olive
Gros sel et poivre du moulin

1. Mélangez l'huile, le sucre, 1 cuillerée à soupe de gingembre pelé et haché, les graines de cardamome concassées, l'oignon épluché et finement émincé et les harengs coupés en tronçons biseautés de 2 cm. Poivrez, couvrez et laissez mariner 12 heures.

2. Au bout de ce temps, coupez les cornichons en fines rondelles. Coupez chaque tranche de pain en deux dans la longueur pour obtenir de fins et longs rectangles.

3. Faites cuire les pommes de terre à l'eau salée 20 minutes environ. Laissez totalement refroidir puis pelez-les et taillez-les en rondelles.

4. Tartinez les 8 tranches de pain obtenues de Philadelphia®. Poivrez. Déposez deux à trois rondelles de cornichon puis une rondelle de pomme de terre à côté, et alternez ainsi les ingrédients.

5. Placez un morceau de hareng sur les cornichons et décorez avec l'oignon rouge mariné et le gingembre. Placez des œufs de saumon sur les rondelles de pomme de terre et décorez de brins d'aneth. Servez deux tartines par personne.

POUR LES SUPER GOURMANDS ★★★

SARDINES AU CITRON VERT

Pour 6 sardines
Préparation : 10 minutes
Marinade : 3 heures
Cuisson : 15 minutes

6 sardines en filets (vidées, sans tête ni queue)
6 citrons verts
6 tranches de pain de campagne
30 g de beurre doux
30 brins de persil
3 pincées de sel
5 pincées de poivre rose
5 pincées de poivre noir
1 cuil. à café de cannelle en poudre

1. Lavez et hachez le persil. Déposez les sardines dans un plat. Pressez les citrons pour en extraire le jus. Salez et poivrez le jus avec les poivres noir et rose. Ajoutez la cannelle et le persil haché. Versez le tout sur les sardines et laissez reposer au réfrigérateur pendant 3 heures.

2. Préchauffez le four à 210 °C (th. 7) pendant 15 minutes.

3. Disposez les filets de sardine ouverts dans un plat. Farcissez chaque sardine avec du persil et refermez les deux filets de poisson sur le persil.

4. Embrochez chaque sardine avec une pique à brochette (en prenant les deux filets dans la broche). Disposez les brochettes dans un plat allant au four et versez le jus de la marinade.

5. Faites cuire au four sur la fonction gril pendant 15 minutes. Faites légèrement griller les tartines au grille-pain et beurrez-les.

6. Disposez une sardine sur une tartine beurrée dans une petite assiette et servez. Les convives ôteront la broche pour déguster la sardine en canapé sur la tranche de pain.

POUR LES DÎNERS D'ÉTÉ ★★★

CROSTINI À LA POUTARGUE
et aux tomates séchées

Pour 4 personnes
Préparation : 10 minutes
Cuisson : 10 minutes

4 tranches de pain de mie
16 tomates séchées à l'huile
50 g de poutargue
4 œufs
1 bouquet de basilic
2 cuil. à soupe d'huile d'olive extra-vierge
Poivre du moulin

1. Égouttez les tomates séchées. Lavez puis séchez les feuilles de basilic. Ôtez la cire et la fine membrane qui entourent la poutargue, puis hachez celle-ci avec le basilic.

2. Transférez ce mélange dans un petit saladier. Ajoutez l'huile d'olive petit à petit, tout en mélangeant, puis du poivre abondamment.

3. Faites cuire les œufs 10 minutes dans l'eau bouillante afin qu'ils soient durs, écalez-les et tranchez-les en quatre. Grillez le pain de mie, coupez les tranches en deux dans la diagonale.

4. Sur chaque triangle, posez successivement une rondelle d'œuf, une tomate séchée, une autre rondelle d'œuf, puis une autre tomate séchée. Terminez avec de la sauce à la poutargue.

5. Plantez une pique au milieu et servez sans tarder.

POUR LES SUPER GOURMANDS ★★★

CROSTINI À LA TRUITE FUMÉE
et aux baies roses

Pour 4 personnes
Préparation : 20 minutes
Marinade : 20 minutes

4 tranches de pain de seigle
150 g de truite fumée
40 g de beurre salé
1 pamplemousse jaune
1 pamplemousse rose
1 cuil. à café de baies roses
1 bouquet d'aneth
1 petit oignon blanc

1. Pelez et hachez l'oignon ; pressez le pamplemousse jaune et lavez les feuilles d'aneth.

2. Râpez la quantité de 1 cuillerée à café de zeste de pamplemousse rose, puis pelez-le à vif et coupez-le en quartiers.

3. Hachez les baies roses grossièrement et l'aneth finement ; réservez.

4. Faites mariner, pendant 20 minutes environ, les filets de truite dans le jus de pamplemousse jaune avec les baies roses, l'oignon et l'aneth, dont vous réserverez 1 cuillerée à café.

5. Dans un grand bol, travaillez le beurre salé avec l'aneth restant et le zeste de pamplemousse rose. Égouttez la truite de sa marinade, coupez-la en tranches de 4 cm de largeur environ.

6. Beurrez le pain, déposez-y la truite et les quartiers de pamplemousse rose, puis servez sans tarder.

POUR LES
REPAS
FESTIFS
★★★

BRUSCHETTA *aux moules pimentées*

SPÉCIAL SAVEURS RELEVÉES ★★★

Pour 4 personnes
Préparation : 10 minutes
Cuisson : 15 minutes

1 kg de moules
300 g de tomates cerises
1 piment de Cayenne
1 gousse d'ail pelée
8 tranches de pain de campagne de ½ cm d'épaisseur
4 cuil. à soupe d'huile d'olive extra-vierge

1. Faites ouvrir les moules sans ajouter de matière grasse dans une sauteuse avec son couvercle. Ôtez les coquilles, filtrez le jus de cuisson et réservez.

2. Lavez et coupez les tomates en quatre, puis faites-les revenir dans une poêle avec l'huile d'olive, l'ail et le piment émietté.

3. Ajoutez la moitié du jus de cuisson et laissez cuire pendant 10 minutes environ jusqu'à ce que la sauce ait réduit des 2/3.

4. Ajoutez les moules et réservez.

5. Faites griller les tranches de pain, répartissez la sauce aux moules, puis servez sans tarder.

CROÛTES LYONNAISES

Pour 4 personnes
Préparation : 10 minutes
Cuisson : 10 minutes

2 saint-marcellin assez frais
4 tranches de pain aux céréales
1 gousse d'ail
Quelques brins de ciboulette
Huile d'olive
Sel et poivre

POUR LES
SOIRÉES
D'HIVER
★★★

1. Pelez la gousse d'ail. Faites chauffer les tranches de pain dans un grille-pain sans les faire dorer. Frottez-les aussitôt avec la gousse d'ail.

2. Coupez les saint-marcellin en deux dans l'épaisseur, puis posez un demi-saint-marcellin sur chaque tranche de pain frottée d'ail. Étalez légèrement le fromage avec un couteau à tartiner. Salez très légèrement et poivrez.

3. Ciselez les brins de ciboulette au-dessus des croûtes garnies, puis arrosez-les avec un filet d'huile d'olive. Rangez-les sur la grille du four tapissée de papier d'aluminium.

4. Glissez la grille dans le four sous le gril chaud et laissez gratiner pendant 10 minutes environ.

5. Servez aussitôt, avec une salade d'endives aux noix ou une salade de tomates à l'oignon doux.

CROSTINI AUX ÉPINARDS, *aux lardons et à la sauge*

Pour 4 personnes
Préparation : 25 minutes
Cuisson : 20 minutes

500 g d'épinards frais (ou 250 g de surgelés)
120 g de beaufort au lait cru
70 g de tranches de poitrine fumée
Beurre, pour le plat
2 feuilles de sauge
1 gousse d'ail pelée
8 tranches de pain de mie sans la croûte
6 cuil. à soupe d'huile d'olive extra-vierge
Sel et poivre du moulin

1. Lavez les épinards, égouttez-les et essorez-les bien, puis faites-les revenir pendant une dizaine de minutes avec l'ail et 2 cuillerées d'huile d'olive. Salez, poivrez, éteignez, retirez l'ail et réservez.

2. Coupez en dés le beaufort. Coupez les tranches de poitrine en six morceaux et faites-les revenir dans une poêle antiadhésive avec la sauge sans ajout de matière grasse. Éteignez le feu, ôtez la sauge, égouttez la poitrine et posez-la sur du papier absorbant.

3. Préchauffez le gril du four au maximum. Passez les tranches de pain au grille-pain jusqu'à ce qu'elles soient très légèrement croquantes. Beurrez un plat à four, disposez-y les tranches de pain de mie.

4. Disposez les épinards, puis le fromage et les morceaux de poitrine fumée. Ajoutez l'huile restante. Passez le plat au gril jusqu'à ce que le fromage soit fondu et les lardons légèrement gratinés. Placez les crostini sur un plat et servez sans tarder.

★★★ SAVEURS D'AUTOMNE ★★★

CROSTINI AUX POIVRONS

et au beurre d'anchois

Pour 4 personnes
Préparation : 15 minutes
Cuisson : 12 minutes

8 tranches de pain de mie
2 poivrons jaunes
3 anchois de Collioure au sel
50 g de beurre
1 gousse d'ail pelée
Sel

1. Lavez les poivrons, ôtez les filaments et coupez-les en fines lanières. Dessalez les anchois en les passant sous l'eau courante, retirez les arêtes et hachez les filets ainsi obtenus.

2. Passez le pain au grille-pain. Faites revenir l'ail et les anchois avec 15 g de beurre dans une poêle pendant 1 minute environ ; réservez au chaud.

3. Mettez dans une poêle le beurre restant et faites cuire les poivrons avec un peu de sel pendant 10 minutes environ. Laissez reposer quelques minutes.

4. Étalez le beurre aux anchois sur les tranches de pain, puis disposez les poivrons et servez sans tarder.

POUR LES
DÎNERS
D'ÉTÉ
★★★

BRUSCHETTA
aux oignons rouges et au thon

Pour 4 personnes
Préparation : 10 minutes

8 tranches de pain de campagne de ½ cm d'épaisseur
320 g de thon à l'huile
4 oignons rouges
4 tomates cœur de bœuf
3 pincées d'origan séché
2 cuil. à soupe d'huile d'olive extra-vierge
Sel

1. Pelez et émincez finement les oignons. Lavez les tomates et coupez-les en très petits dés.

2. Passez les tranches de pain au grille-pain.

3. Égouttez le thon, versez-le dans un saladier, puis ajoutez les tomates et les oignons.

4. Assaisonnez avec du sel, l'huile d'olive et l'origan.

5. Disposez le thon aux oignons sur les tranches de pain et servez sans tarder.

POUR LES
TRÈS PRESSÉS
★★★

BRUSCHETTA DE CRABE
et sauce soja

Pour 4 personnes
Préparation : 15 minutes
Cuisson : 5 minutes

2 tomates
1 courgette
4 oignons nouveaux
150 g de miettes de crabe (ou de thon au naturel)
4 tranches de pain de campagne
Le jus de 1 citron jaune
1 cuil. à soupe de sauce soja salée
1 cuil. à café de purée de piments
1 botte de cerfeuil
1 gousse d'ail pelée
1 cuil. à soupe d'huile d'olive

1. Lavez les tomates et coupez-les en dés. Lavez et râpez la courgette, puis ciselez finement les oignons.

2. Mélangez la chair de crabe avec la sauce soja, le jus de citron et la purée de piments. Ajoutez les légumes. Réservez au frais.

3. Faites griller les tranches de pain. Puis, à l'aide d'un pinceau, huilez-en les deux faces puis frottez-les avec la gousse d'ail.

4. Couvrez généreusement les tranches de pain du mélange légumes/crabe et de cerfeuil haché, puis dégustez sans attendre.

POUR LES
ACCROS DE LA BALANCE
★★★

CROQUANTS
aux saint-jacques et noisettes

Pour 24 croquants
Préparation : 25 minutes
Réfrigération : 10 minutes
Cuisson : 15 minutes

24 noix de saint-jacques (sans corail)
20 noisettes entières
1 pincée de piment d'Espelette
Huile de noisette (ou de noix)
Fleur de sel

Pour les biscuits :
1 œuf
120 g de farine (T80) + un peu pour le plan de travail
40 g de purée de noisettes
Sel et poivre du moulin

1. Préchauffez le four à 180 °C (th. 6).

2. Préparez les biscuits : mélangez dans un saladier la farine, la purée de noisettes, l'œuf, le sel et le poivre. Ajoutez un peu d'eau (2 à 3 cuillerées à soupe) de façon à bien amalgamer la pâte et former une boule. Laissez reposer au réfrigérateur une dizaine de minutes.

3. Étalez la pâte sur un plan de travail fariné. Découpez-y 24 biscuits à l'aide d'un petit verre retourné (5 cm de diamètre) ou d'un emporte-pièce. Disposez-les sur une plaque de cuisson recouverte de papier sulfurisé. Faites cuire 10 minutes environ, jusqu'à ce qu'ils soient dorés. Sortez-les du four et réservez.

4. Concassez grossièrement les noisettes. Huilez au pinceau les noix de saint-jacques. Parsemez de fleur de sel et de piment. Faites-les cuire à la plancha (ou dans une poêle) de 2 à 3 minutes de chaque côté, puis disposez une noix sur chaque biscuit. Parsemez de noisettes concassées et servez aussitôt.

POUR LES
REPAS FESTIFS
★★★

BRUSCHETTA AU SAUCISSON,
aux fèves et au pecorino

Pour 4 personnes
Préparation : 10 minutes
Cuisson : 3 minutes

400 g de saucisson sec (en 16 tranches)
150 g de pecorino
150 g de fèves écossées
8 tranches de pain de campagne de ½ cm d'épaisseur
4 cuil. à soupe d'huile d'olive extra-vierge
Sel et poivre du moulin

1. Passez les tranches de pain au grille-pain.

2. Coupez le pecorino en copeaux.

3. Plongez les fèves dans une casserole d'eau bouillante légèrement salée pendant 3 minutes, puis pelez-les en prenant garde de ne pas vous brûler et passez-les sous l'eau froide. Égouttez-les bien.

4. Disposez sur chaque toast deux tranches de saucisson, des fèves, quelques copeaux de pecorino, du poivre et un filet d'huile d'olive. Servez sans tarder.

POUR LES GRANDS DÉBUTANTS ★★★

AMUSE-BOUCHES
au pain d'épice, à la poire et au roquefort

Pour 20 amuse-bouches
Préparation : 15 minutes

5 tranches de pain d'épice légèrement rassis
1 poire moyenne bien mûre
200 g de roquefort
½ citron
30 g de cerneaux de noix
2 cuil. à soupe d'huile de noix
1 ou 2 cuil. à café de vinaigre balsamique
Poivre du moulin

1. Faites légèrement griller les tranches de pain d'épice au four ou au grille-pain, puis coupez-les en quatre. Concassez les cerneaux de noix.

2. Dans un bol, écrasez le roquefort à la fourchette. Ajoutez le vinaigre balsamique, l'huile de noix, les noix concassées, du poivre et mélangez bien.

3. Épluchez la poire, coupez-la en deux et enlevez les pépins. Recoupez chaque moitié en cinq quartiers, puis chaque quartier en deux dans la longueur. Citronnez légèrement les morceaux de poire pour éviter qu'ils noircissent.

4. Déposez 1 cuillerée de crème de roquefort sur chaque carré de pain d'épice, couvrez d'un morceau de poire et rangez le tout sur un grand plat.

POUR LES
REPAS FESTIFS
★★★

BISCUITS D'AVOINE
aux rillettes de poulet

Pour 6 personnes
Préparation : 40 minutes
Cuisson : 20 minutes

250 g de rillettes de poulet
280 g de flocons d'avoine très fins
1 petit concombre
1 branche d'estragon frais
½ cuil. à café de bicarbonate de soude
30 g de beurre
Sel et poivre

1. Préchauffez le four à 165 °C (th. 5-6). Versez 250 g de flocons d'avoine dans un saladier, ajoutez le bicarbonate de soude, autant de sel et de poivre. Mélangez, puis incorporez le beurre préalablement fondu, ainsi que 15 cl d'eau chaude. Mélangez jusqu'à consistance homogène et molle.

2. Étalez le reste des flocons d'avoine sur le plan de travail, versez-y la pâte et pétrissez-la pendant 2 ou 3 minutes. Partagez-la en 4 portions. Étalez chacune d'elles très finement entre deux feuilles de papier sulfurisé, puis découpez dedans des ronds de 4 ou 5 cm de diamètre. Vous obtenez 24 ronds environ.

3. Déposez les ronds sur deux tôles tapissées de papier sulfurisé et faites cuire dans le four pendant 20 minutes jusqu'à ce que les biscuits soient bien secs. Décollez-les et laissez-les refroidir sur une grille.

4. Effeuillez l'estragon et ciselez grossièrement les feuilles. Lavez le concombre et coupez-le en très fines lamelles. Répartissez les rillettes sur les galettes d'avoine, garnissez de rondelles de concombre repliées et parsemez d'estragon.

POUR LES
REPAS
FESTIFS
★★★

BRUSCHETTA À LA POITRINE *fumée, aux tomates et à la roquette*

Pour 4 personnes
Préparation : 10 minutes
Cuisson : 2 minutes

8 tranches de poitrine fumée coupées assez finement
4 tomates bien mûres
1 bouquet de roquette
2 gousses d'ail pelées
8 tranches de pain de campagne de ½ cm d'épaisseur
4 cuil. à soupe d'huile d'olive extra-vierge
Sel et poivre du moulin

1. Émincez les tomates et égouttez-les dans une passoire.

2. Lavez, essuyez et ciselez grossièrement la roquette.

3. Passez les tranches de pain au grille-pain, puis frottez-les avec l'ail.

4. Coupez les tranches de poitrine fumée en morceaux et faites-les revenir dans une poêle antiadhésive sans ajouter de matière grasse.

5. Salez les tomates, disposez-les sur les tranches de pain, ajoutez la roquette, la poitrine fumée, quelques tours de poivre du moulin et l'huile d'olive. Servez sans tarder.

BRUSCHETTA AU THON FRAIS
et à la roquette sauvage

Pour 4 personnes
Préparation : 15 minutes
Cuisson : 2 minutes

250 g de filets de thon
300 g de tomates très mûres
1 grosse poignée de roquette sauvage
1 citron non traité
4 gouttes de sauce Worcestershire
Quelques gouttes de Tabasco®
4 tranches de pain de campagne de ½ cm d'épaisseur
4 cuil. à soupe d'huile d'olive extra-vierge
Sel et poivre du moulin

1. Hachez au couteau le ou les filets de thon, puis transférez-le dans un bol. Ajoutez le jus du citron, du sel, le Tabasco®, la sauce Worcestershire et 2 cuillerées d'huile d'olive.

2. Lavez les tomates, faites une incision avec un couteau et plongez-les dans l'eau bouillante pendant 2 minutes environ. Égouttez-les, pelez-les et hachez-les grossièrement.

3. Faites griller les tranches de pain.

4. Lavez et égouttez la roquette, puis ciselez-la avant de la mélanger avec les tomates. Salez, ajoutez l'huile restante, du poivre du moulin, puis disposez le mélange sur les tranches de pain.

5. Complétez avec le thon haché, poivrez, puis servez sans tarder.

BRUSCHETTA
méditerranéenne

Pour 4 personnes
Préparation : 15 minutes
Cuisson : 15 minutes

8 tranches de pain de campagne de ½ cm d'épaisseur
2 anchois de Collioure au sel
80 g d'olives noires dénoyautées
1 scarole
1 cuil. à soupe de câpres au sel
1 cuil. à soupe de raisins secs
1 cuil. à soupe de pignons de pin
4 gousses d'ail pelées
7 cuil. à soupe d'huile d'olive extra-vierge
Sel

1. Plongez les raisins dans un bol d'eau bouillante. Rincez les anchois, retirez les arêtes et séparez les filets.

2. Parez et lavez les feuilles de scarole, essorez-les et coupez-les en lanières. Dessalez les câpres sous l'eau courante pendant 5 minutes. Égouttez-les et réservez.

3. Émincez les olives. Faites revenir dans une poêle les anchois, les olives, les raisins, les pignons et les câpres dans 3 cuillerées d'huile d'olive. Quand les anchois sont fondus, ajoutez la scarole et laissez cuire pendant 10 minutes environ.

4. Faites dorer les tranches de pain au four, puis frottez-les avec l'ail. Étalez la sauce à la scarole sur les tranches de pain, ajoutez du sel si nécessaire, puis le reste d'huile d'olive et servez aussitôt.

POUR LES SUPER GOURMANDS ★★★

ESCARGOTS EN PERSILLADE

Pour 4 personnes
Préparation : 30 minutes
Cuisson : 20 minutes

200 g (poids net égoutté) d'escargots en boîte au naturel
8 grandes rondelles de pain (baguette)
2 petites aubergines de forme allongée
½ bouquet de persil plat
3 gousses d'ail
1 oignon
100 g de beurre
2 cuil. à soupe de chapelure brune
1 cuil. à soupe d'huile d'olive
1 cuil. à café de cannelle en poudre
1 cuil. à café de piment en poudre
Sel et poivre du moulin

1. Égouttez les escargots, rincez-les, salez et poivrez. Réservez-les dans une passoire tapissée de papier absorbant. Effeuillez et ciselez le persil. Pelez les gousses d'ail. Pelez et émincez finement l'oignon. Lavez et pelez les aubergines, taillez-les en petits dés.

2. Réunissez dans le bol d'un mixeur les gousses d'ail, le persil, le beurre ramolli et la chapelure. Mixez en ajoutant un peu de sel. Récupérez ce beurre sur un carré de papier d'aluminium, roulez-le en boudin et réservez-le au frais.

3. Faites chauffer l'huile dans une sauteuse, ajoutez l'oignon et faites-le revenir pendant 2 minutes. Ajoutez les dés d'aubergine, salez et remuez de 2 à 3 minutes. Ajoutez 10 cl d'eau, la cannelle et le piment. Laissez cuire sur feu assez vif pendant 10 minutes. Mixez et rectifiez l'assaisonnement.

4. Tartinez les rondelles de pain avec la purée d'aubergines. Répartissez les escargots dessus, ajoutez une rondelle de beurre d'escargot et déposez ces *pinchos* sur la plaque du four. Faites cuire 4 minutes à 200 °C (th. 6-7). Servez aussitôt.

★★★ 100 % TRADITION ★★★

TARTINES AU RADIS NOIR
et aux rillettes d'oie

Pour 6 personnes
Préparation : 25 minutes

200 g de rillettes d'oie
6 tranches longues de pain aux céréales
1 radis noir
6 cornichons
2 cuil. à soupe de fromage frais
2 cuil. à soupe de câpres
1 cuil. à soupe de moutarde blanche

1. Écroûtez les tranches de pain aux céréales et retaillez-les en rectangles allongés de 14 cm de long sur 3 ou 4 cm de large.

2. Hachez grossièrement les câpres, puis mélangez-les avec la moutarde et le fromage frais. Pelez le radis noir et coupez-le en rondelles régulières, très fines.

3. Faites légèrement toaster les languettes de pain. Détaillez les cornichons en rondelles.

4. Tartinez les languettes de pain avec le mélange aux câpres, garnissez avec les lamelles de radis noir en les faisant se chevaucher, puis étalez sur le dessus les rillettes d'oie.

5. Décorez avec les rondelles de cornichon et servez aussitôt.

POUR LES
ACCROS DE
LA BALANCE
★★★

FOIE GRAS TOASTÉ

Pour 6 personnes
Préparation : 10 minutes
Cuisson : 2 minutes

600 g de foie gras mi-cuit de canard en un seul morceau
24 rondelles assez épaisses de pain (baguette)
500 g de gros grains de raisin muscat blanc
1 cuil. à soupe d'huile de maïs
Sel et poivre du moulin

1. Découpez le foie gras de canard en 12 tranches épaisses en vous servant d'un couteau bien aiguisé trempé à intervalles réguliers dans de l'eau très chaude.

2. Retaillez ces tranches en deux. Salez-les et poivrez-les. Réservez-les au frais sur un plateau couvert de papier d'aluminium.

3. Lavez et essuyez les grains de raisin. Faites chauffer une plancha (ou une poêle) en la badigeonnant d'huile. Quand elle est bien chaude, posez dessus les grains de raisin et les morceaux de foie gras. Comptez de 2 à 3 minutes de cuisson en les retournant sans arrêt. Salez et poivrez.

4. Répartissez les grains de raisin et les morceaux de foie gras sur les rondelles de pain en creusant la mie pour y verser un peu de la graisse de canard récupérée à la cuillère.

POUR LES REPAS FESTIFS ★★★

PETITS TOASTS DE PAIN D'ÉPICE *au foie gras*

Pour 4 personnes
Préparation : 20 minutes
Cuisson : 1 h 15

4 tranches de pain d'épice
200 g de foie gras mi-cuit
300 g d'échalotes
50 g de sucre roux en poudre
3 clous de girofle
2 feuilles de laurier
20 cl de vin rouge
10 cl de vinaigre de vin rouge
5 cl de vinaigre balsamique
Fleur de sel
Sel et poivre du moulin

1. Épluchez les échalotes et émincez-les finement. Réunissez les échalotes, le sucre, les clous de girofle, le laurier, les vinaigres et le vin rouge dans une casserole à fond épais, puis amenez à ébullition. Salez et poivrez, puis couvrez et laissez cuire 1 heure à feu très doux.

2. Retirez le couvercle et laissez réduire pendant 15 minutes environ, en remuant souvent, pour obtenir une compote épaisse. Laissez refroidir.

3. Faites griller légèrement les tranches de pain d'épice au four ou au grille-pain, puis coupez-les en quatre.

4. Détaillez le foie gras en 16 morceaux de même taille. Étalez une cuillerée de confiture d'échalotes sur chaque morceau de pain d'épice, couvrez d'une tranche de foie gras et parsemez de fleur de sel.

5. Réservez les toasts au réfrigérateur et sortez-les 30 minutes avant de servir.

POUR LES SUPER GOURMANDS ★★★

TARTINES AUX POIVRONS *et rillettes de canard*

Pour 4 personnes
Préparation : 20 minutes
Cuisson : 10 minutes

200 g de rillettes de canard
4 grandes tranches de pain Poilâne
2 petites endives
2 poivrons rouges
½ citron
Sel et poivre

VEGAN

1. Déposez les poivrons dans le four chauffé à 200 °C (th. 6-7) jusqu'à ce que la peau se boursoufle. Mettez-les alors dans un saladier, couvrez et laissez reposer pendant 5 minutes.

2. Parez les endives en retirant leur cône amer à la base. Émincez-les le plus finement possible et arrosez-les de jus de citron, salez et poivrez.

3. Pelez les poivrons et coupez la pulpe en lanières.

4. Garnissez les tartines de pain de rillettes de canard. Répartissez dessus les endives émincées, puis décorez avec les lanières de poivron.

TOASTS AUX ÉPINARDS
et rillettes de poulet

Pour 8 personnes
Préparation : 20 minutes
Cuisson : 8 minutes

250 g de rillettes de poulet
8 tranches de pain de mie rondes de 8 cm de diamètre, assez épaisses
350 g de feuilles d'épinard
150 g d'amandes effilées
30 g de beurre
Sel et poivre

POUR LES SUPER FAUCHÉS
★★★

1. Lavez les épinards, égouttez-les et essorez-les soigneusement. Coupez les queues.

2. Faites chauffer le beurre dans une poêle, ajoutez-y les épinards sur feu moyen en remuant, pendant 7 ou 8 minutes, jusqu'à ce que les feuilles soient bien fondues. Salez et poivrez, égouttez, puis réservez.

3. Faites par ailleurs griller à sec les amandes effilées dans une petite poêle, en les surveillant bien pour qu'elles ne roussissent pas trop vite. Incorporez-en la moitié aux épinards cuits.

4. Faites rapidement griller les tranches de pain de mie sans trop les faire colorer. Tartinez-les de rillettes de poulet, puis étalez dessus les épinards aux amandes. Garnissez ensuite avec le reste des amandes effilées et servez aussitôt.

BRUSCHETTA AU LARD
de Colonnata et aux olives noires

Pour 4 personnes
Préparation : 5 minutes

8 tranches de pain de campagne de ½ cm d'épaisseur
140 g de lard de Colonnata en fines tranches
130 g d'olives noires dénoyautées
1 bouquet de persil plat
1 bouquet de thym
1 gousse d'ail pelée
1 cuil. à soupe d'huile d'olive extra-vierge
Poivre du moulin

1. Passez les tranches de pain au grille-pain, puis frottez-les avec l'ail.

2. Lavez et hachez les feuilles de persil.

3. Assaisonnez les olives avec l'huile d'olive et le persil. Parsemez généreusement le lard de poivre, puis ajoutez quelques feuilles de thym.

4. Disposez le lard sur les tranches de pain et accompagnez-les des olives assaisonnées. Dégustez sans tarder.

POUR LES SUPER GOURMANDS ★★★

TARTINES DE PAIN AUX NOIX
aux rillettes de poulet

Pour 6 personnes
Préparation : 15 minutes

250 g de rillettes de poulet
6 grandes tranches de pain aux noix
2 carrés de fromage demi-sel
125 g de petits raisins secs blonds, sans pépins
18 chips de pomme

1. Retirez la croûte des tranches de pain aux noix avec un couteau-scie (en général, elle est assez noire et épaisse).

2. Faites très légèrement toaster les tranches et laissez-les refroidir complètement.

3. Tartinez-les d'une fine pellicule de fromage demi-sel. Répartissez ensuite dessus les rillettes de poulet et écrasez-les délicatement avec le dos d'une cuillère pour les étaler sans vraiment les tartiner régulièrement.

4. Ajoutez les raisins secs en les incrustant dans les rillettes, puis garnissez de chips de pomme en les faisant tenir debout dans les rillettes. Servez à température ambiante.

★★★ SAVEURS D'AUTOMNE ★★★

CROSTINI À LA TOMATE SÉCHÉE
et rillettes de canard

Pour 4 personnes
Préparation : 15 minutes
Cuisson : 10 minutes

200 g de rillettes de canard
1 baguette de pain au froment
150 g de tomates séchées conservées à l'huile d'olive
8 ciboules ou petits oignons verts
2 gousses d'ail
3 cuil. à soupe de cerneaux de noix
2 cuil. à soupe de vinaigre balsamique
Poivre du moulin

1. Égouttez et épongez très soigneusement les tomates séchées, en conservant leur huile ; il vous en faut 3 cuillerées à soupe (complétez éventuellement avec de l'huile d'olive nature). Parez et hachez finement les ciboules et l'ail. Hachez grossièrement les noix.

2. Placez la grille du four dans la partie haute de celui-ci et préchauffez le gril à chaleur maximale.

3. Faites par ailleurs chauffer 2 cuillerées à soupe d'huile dans une poêle, ajoutez les ciboules et l'ail. Faites revenir jusqu'à ce que le mélange soit bien attendri, ajoutez le vinaigre, mélangez et laissez réduire. Réservez.

4. Après avoir coupé ses extrémités, tranchez la baguette dans le sens de la longueur, puis en 8 morceaux de 10 cm de long environ.

5. Répartissez dessus le mélange aux ciboules, puis les tomates séchées et enfin les rillettes. Parsemez de noix et arrosez d'un filet d'huile.

6. Faites griller dans le four pendant quelques minutes et donnez un tour de moulin à poivre avant de servir.

POUR LES SUPER GOURMANDS
★★★

PAN CATALAN

Pour 12 personnes
Préparation : 30 minutes
Cuisson : 2 minutes

12 grandes tranches assez fines de jambon serrano
24 tranches de pain de campagne de 10 x 5 cm environ
4 gousses d'ail
6 tomates
10 cl environ d'huile d'olive
Sel et poivre du moulin

1. Passez rapidement les tranches de pain au four à chaleur moyenne juste pour les sécher légèrement.

2. Pelez les gousses d'ail. Recoupez les tranches de jambon en deux. Lavez et essuyez les tomates. Coupez-les en rondelles régulières, sans prendre les chapeaux.

3. Humectez les tranches de pain avec un peu d'huile, puis frottez-les généreusement avec les gousses d'ail sur une seule face.

4. Répartissez dessus les tranches de tomate en les écrasant légèrement avec une spatule, pour que le jus pénètre un peu dans le pain.

5. Arrosez d'un filet d'huile, salez, poivrez et déposez ensuite par-dessus une demi-tranche de jambon serrano. Servez aussitôt.

100 %
TRADITION

CRACKERS AUX RILLETTES D'OIE
et aux œufs de caille

Pour 8 personnes
Préparation : 15 minutes

200 g de rillettes d'oie
16 crackers
16 petits cornichons au vinaigre
16 œufs de caille durs

1. Mettez les rillettes d'oie dans un bocal en verre et placez celui-ci au bain-marie frémissant pour les attendrir au maximum. Elles doivent être très souples pour se tartiner sans difficulté. Écumez éventuellement l'excès de gras qui se forme en surface avec une cuillère.

2. Égouttez les cornichons et fendez-les en deux dans le sens de la longueur sans les couper entièrement.

3. Écalez les œufs de caille et coupez-les en deux. Superposez 3 ou 4 crackers et tartinez celui du dessus d'une cuillerée de rillettes d'oie.

4. Déposez-le sur le plan de travail, garnissez-le de demi-œufs de caille et d'un cornichon entrouvert.

5. Garnissez les autres crackers de la même façon, puis réservez-les sur un plateau quelques instants dans le bas du réfrigérateur pour que les rillettes soient bien fraîches au moment de la dégustation.

POUR LES GRANDS DÉBUTANTS
★★★

PINCHOS D'AGNEAU

Pour 4 personnes
Préparation : 20 minutes
Réfrigération : 1 heure
Cuisson : 5 minutes

600 g d'agneau
24 rondelles environ de pain (baguette)
2 gousses d'ail
4 cuil. à soupe de persil plat ciselé
1 dose en filaments de safran
1 cuil. à soupe de cumin
1 cuil. à soupe de piment en poudre
3 cuil. à soupe d'huile d'olive
Sel

1. Choisissez l'agneau dans de l'épaule désossée et demandez à votre boucher de hacher la viande (hachis moyen).

2. Pelez et émincez finement les gousses d'ail. Mettez la viande hachée dans un saladier, ajoutez l'ail, le persil, le safran, le cumin et le piment. Salez et mélangez en ajoutant 1 cuillerée à soupe d'huile.

3. Façonnez cette farce en boulettes grosses comme des noix et rangez-les sur un plat. Couvrez et laissez reposer 1 heure au frais pour que la farce se raffermisse.

4. Préchauffez une poêle, ou une plancha, et huilez-la, ainsi que les boulettes de viande. Lorsque la plaque est bien chaude, posez les boulettes au milieu et saisissez-les de 5 à 6 minutes en les retournant constamment.

5. Déposez ensuite les boulettes sur des rondelles de pain (en les fixant éventuellement avec une petite pique en bois) et servez aussitôt.

100 % TRADITION

CHIPS

Pour 250 g environ
Préparation : 20 minutes
Cuisson : 25 minutes

1 kg de pommes de terre à chair farineuse (bintje, charlotte, manon)
2 l d'huile de pépins de raisin ou d'arachide
1 cuil. à café de sel fin

1. Lavez et pelez les pommes de terre. À l'aide d'une mandoline ou d'un robot, découpez-les en fines lamelles d'environ 1 mm d'épaisseur. Rincez-les abondamment à l'eau froide, jusqu'à ce que l'eau soit limpide. Séchez-les soigneusement à l'aide d'un torchon : elles doivent être parfaitement sèches pour devenir croustillantes !

2. Dans une bassine à friture ou une friteuse, mettez l'huile à chauffer. Lorsqu'elle atteint 160-170 °C (vérifiez à l'aide d'un thermomètre de cuisson), plongez une lamelle de pomme de terre dans le bain de friture. Si de petites bulles se forment tout autour, c'est bon !

3. Plongez deux poignées de pommes de terre bien sèches dans la friture et remuez-les à l'aide d'une écumoire en métal pour éviter qu'elles ne collent entre elles. Laissez cuire 5 minutes, jusqu'à ce qu'elles soient joliment colorées et qu'elles ne crépitent plus dans la friteuse.

4. Égouttez-les sur du papier absorbant et assaisonnez-les de quelques pincées de sel. Recommencez jusqu'à épuisement des pommes de terre.

★★★ 100 % TRADITION ★★★

100%

CHIPS AUX FLOCONS D'AVOINE

Pour 6 personnes
Préparation : 20 minutes
Repos : 30 minutes
Cuisson : 10 minutes

150 g de farine de blé (T65)
1 cuil. à café d'herbes de Provence
40 g de margarine pour la cuisson
2 cuil. à soupe de flocons d'avoine
1 pincée de sel

1. Pour la pâte, versez dans un saladier la farine avec le sel et déposez au centre la margarine et 4 cuillères à soupe d'eau.

2. Mélangez du bout des doigts et ajoutez les flocons d'avoine, les herbes de Provence et formez une boule de pâte ferme. Laissez reposer 30 minutes.

3. Préchauffez le four à 180 °C (th. 6).

4. Étalez la pâte en cercles de 5 cm de diamètre et faites cuire sur une plaque pendant 10 minutes environ, jusqu'à légère coloration.

★★★ VEGAN ★★★

COOKIES
pavot-romarin et ail confit

Pour 16 cookies
Préparation : 10 minutes
Congélation : 30 minutes
Cuisson : 35 à 37 minutes

1 œuf moyen
100 g de beurre demi-sel mou
8 gousses d'ail
4 cuil. à café de feuilles de romarin hachées
200 g de farine
½ cuil. à café de levure
4 cuil. à café de graines de pavot
1 pincée de poivre cinq-baies

1. Préchauffez le four à 210 °C (th. 7). Faites cuire les gousses d'ail en chemise au four pendant 15 minutes, puis épluchez-les et écrasez l'ail confit à la fourchette.

2. Avec une cuillère en bois, mélangez le beurre et l'ail. Incorporez l'œuf battu. Ajoutez la farine préalablement mélangée à la levure, au pavot, au romarin et au poivre. Mélangez sans toutefois trop travailler la pâte.

3. Du bout des doigts, formez 16 boules de la taille d'une grosse noix sans les lisser, aplatissez-les avec la paume de la main et réservez 30 minutes au congélateur.

4. Préchauffez le four à 180 °C (th. 6). Disposez les cookies sur la plaque du four garnie de papier sulfurisé en les espaçant de 4 cm et enfournez à mi-hauteur de 20 à 22 minutes. Laissez reposer 2 minutes hors du four, puis décollez les cookies et laissez-les refroidir sur une grille.

POUR LES SUPER GOURMANDS ★★★

TORTILLAS CHIPS

Pour 12 tortillas
Préparation : 25 minutes
Repos : 30 minutes
Cuisson : 20 minutes

300 g de farine de maïs T65 + 1 cuil. à soupe pour le plan de travail
50 g de margarine pour la cuisson
½ cuil. à café de sel

Pour le guacamole acidulé :
200 g de petits pois écossés frais
1 cuil. à soupe de coriandre fraîche ciselée
¾ d'une pomme acidulée (granny-smith)
Le jus de ½ citron vert
1 gousse d'ail pelée
2 cuil. à soupe de fromage blanc
1 cuil. à soupe de bouillon de volaille
½ cuil. à café de piment d'Espelette
1 cuil. à soupe de vinaigre de xérès
2 cuil. à soupe d'huile d'olive
Sel

SAVEURS D'AILLEURS

1. Tamisez la farine dans une jatte. Ajoutez la margarine et le sel. Travaillez le tout du bout des doigts, puis sablez la pâte entre les paumes des mains. Versez 15 cl d'eau tiède sur la préparation, tout en mélangeant vigoureusement. Continuez à mélanger 5 minutes environ : vous devez obtenir une pâte souple. Roulez-la en boule et laissez-la reposer 30 minutes sous un linge.

2. Préchauffez le four à 200 °C (th. 6-7). Divisez la pâte en 12 parts égales et formez des petites boules. Étalez-les au rouleau sur le plan de travail fariné.

3. Faites chauffer une poêle à crêpes antiadhésive à sec, sur feu moyen, et faites-y cuire les tortillas 1 minute de chaque côté. Déposez-les sur une plaque du four. Enfournez pour 8 minutes environ, jusqu'à ce qu'elles soient croquantes. Sortez-les et laissez-les refroidir sur la plaque. Déposez-les sur une grande assiette.

4. Dans une casserole d'eau bouillante, mettez le bouillon de volaille et faites cuire les petits pois 10 minutes. Lavez la pomme et coupez-la en quatre. Épépinez les quartiers. Égouttez les petits pois et mixez-les avec l'ail, le fromage blanc, le jus de citron, la coriandre, le vinaigre, l'huile d'olive, la pomme, le piment et du sel.

5. Disposez le guacamole ainsi obtenu dans un bol et réservez au frais. Servez le bol de guacamole acidulé au milieu de l'assiette garnie de tortillas.

CHIPS D'AUBERGINE

Pour 4 personnes
Préparation : 5 minutes
Cuisson : 30 minutes

1 grosse aubergine
ou 2 petites
Curry en poudre
Huile d'olive
Fleur de sel

1. Préchauffez le four à 150 °C (th. 5).

2. Lavez l'aubergine, essuyez-la soigneusement, puis coupez-la en tranches à la mandoline.

3. Huilez légèrement une plaque à pâtisserie antiadhésive à l'aide d'un pinceau, puis répartissez-y les tranches d'aubergine sur une seule couche. Mélangez l'huile avec du curry et badigeonnez-les. Saupoudrez de fleur de sel et de curry.

4. Enfournez pour 30 à 40 minutes, en retournant les chips à mi-cuisson. Laissez refroidir sur la plaque à la sortie du four et servez-les tièdes ou à température.

SAVEURS D'AILLEURS

CHIPS DE LÉGUMES *multicolores*

Pour 4 personnes
Préparation : 15 minutes
Marinade : 10 minutes
Cuisson : 30 minutes

500 g de légumes : betteraves crues, pommes de terre (bintje, vitelotte), carottes, aubergines…
Herbes et épices au choix (thym, cumin en poudre, cardamome, paprika, curry…)
Huile d'olive (ou arachide, pour un goût plus neutre)
Fleur de sel

1. Préchauffez le four à 150 °C (th. 5).

2. Pelez et lavez les légumes. Essuyez-les soigneusement dans un linge, puis coupez-les en tranches à la mandoline.

3. Faites tremper les pommes de terre 10 minutes dans un saladier d'eau froide, puis égouttez-les et séchez-les.

4. Huilez légèrement deux plaques à pâtisserie antiadhésives à l'aide d'un pinceau, puis répartissez dessus les tranches de légumes en une seule couche. Badigeonnez-les d'huile. Saupoudrez de fleur de sel et d'aromates.

5. Enfournez pour 30 à 40 minutes, en retournant les chips à mi-cuisson. Laissez refroidir sur la plaque à la sortie du four et servez les chips tièdes ou à température.

POUR LES ACCROS DE LA BALANCE ★★★

CHIPS DE CAROTTE

Pour 4 personnes
Préparation : 10 minutes
Cuisson : 30 minutes

3 carottes
1 cuil. à soupe de graines de cumin
Huile d'arachide
Sel

1. Préchauffez le four à 150 °C (th. 5).

2. Choisissez de grosses carottes, afin d'obtenir de belles rondelles. Pelez les carottes, rincez-les et essuyez-les. Émincez-les à la mandoline et répartissez-les sur une plaque en silicone ou une plaque à pâtisserie recouverte de papier sulfurisé.

3. Huilez au pinceau les rondelles de carotte des deux côtés, saupoudrez-les de graines de cumin et enfournez pour 30 minutes.

4. Sortez les chips du four, salez légèrement et servez.

POUR LES
ACCROS DE
LA BALANCE
★★★

by the Season
goods manu-
also selling.

FINGERS À LA TOMATE

Pour 6 personnes
Préparation : 15 minutes
Repos : 30 minutes
Cuisson : 15 minutes

190 g de farine
150 g d'emmental râpé
140 g de beurre
65 g de concentré de tomate
5 cl de crème liquide
Piment de Cayenne
Fleur de sel
1 œuf (pour la dorure)

1. Mettez tous les ingrédients, à l'exception de l'œuf et de la fleur de sel, dans le bol d'un robot et mixez jusqu'à obtenir une pâte homogène.

2. Formez une boule avec cette pâte, enveloppez-la de film plastique et réservez-la au frais pendant au moins 30 minutes.

3. Préchauffez le four à 180 °C (th. 6). Étalez la pâte sur une épaisseur de 3 mm environ et détaillez dedans des sablés longs ou ronds de 3 cm environ.

4. Fouettez l'œuf, puis badigeonnez-en les sablés à l'aide d'un pinceau avant de les parsemer de fleur de sel.

5. Déposez les sablés sur la plaque du four recouverte de papier sulfurisé, puis enfournez et laissez cuire pendant 15 minutes.

POUR LES
ENFANTS
SAGES
★★★

Pull to Open
BOXERCHIPS

SABLÉS AU PARMESAN

Pour 40 sablés
Préparation : 20 minutes
Réfrigération : 40 minutes
Cuisson : 10 à 15 minutes

1 œuf
300 g de beurre
300 g de parmesan râpé
20 g d'olives noires dénoyautées
30 g de tomates séchées
30 g de raisins secs de Corinthe
300 g de farine
1 cuil. à café de curry
1 cuil. à café de piment d'Espelette ou piment doux
2 tours de poivre du moulin

1. Dans le bol d'un robot, mélangez la farine, l'œuf, le parmesan et le beurre jusqu'à l'obtention d'une boule. Divisez la pâte en trois boules de poids égal. Formez la première boule en un rouleau de 4 cm de diamètre, puis enveloppez-le dans du film alimentaire.

2. Dans le bol du robot, mixez les tomates séchées, les olives et le piment d'Espelette. Incorporez cette préparation à la deuxième boule, puis formez un rouleau de 4 cm de diamètre et enveloppez-le dans du film alimentaire.

3. Mixez les raisins, puis incorporez-les à la troisième boule avec le curry et le poivre. Formez un rouleau de 4 cm de diamètre et enveloppez-le dans du film alimentaire. Conservez les trois préparations pendant 40 minutes au réfrigérateur.

4. Préchauffez le four à 180 °C (th. 6). Détaillez chaque rouleau en tranches de 5 mm d'épaisseur. Déposez les sablés sur une plaque à pâtisserie recouverte de papier sulfurisé, en les espaçant un peu, et enfournez pour 10 à 15 minutes.

5. À la sortie du four, faites refroidir les sablés quelques minutes avant de les décoller avec une spatule. Déposez-les en piles ou à plat dans une assiette de service.

POUR LES SUPER GOURMANDS
★★★

SABLÉS AU PECORINO
et au romarin

Pour 30 sablés environ
Préparation : 15 minutes
Réfrigération : 1 heure
Cuisson : 15 à
20 minutes

- 140 g de pecorino fraîchement râpé
- 160 g de beurre
- 250 g de farine
- 6 tiges de romarin frais de 10 cm chacune
- 2 pincées de sel

1. Sortez le beurre du réfrigérateur à l'avance pour qu'il soit bien mou. Rincez et séchez le romarin. Supprimez les tiges et hachez finement les feuilles.

2. Dans un saladier, mélangez la farine, le pecorino, le sel et le romarin. Ajoutez le beurre en pommade et travaillez rapidement la pâte du bout des doigts, jusqu'à l'obtention d'une pâte homogène et compacte.

3. Divisez la pâte en plusieurs morceaux et formez des cylindres de 2 cm de diamètre environ. Filmez-les et laissez-les reposer au réfrigérateur pendant 1 heure.

4. Préchauffez le four à 200 °C (th. 6-7). Retirez le film autour de la pâte et découpez chaque boudin en tranches de 1 cm d'épaisseur environ.

5. Disposez-les sur une plaque recouverte de papier sulfurisé et enfournez-les pour 15 à 20 minutes, jusqu'à ce qu'ils soient dorés. Laissez-les refroidir complètement sur une grille.

POUR LES
ENFANTS
SAGES
★★★

CHIPS AUX PAILLETTES
d'algues

Pour 4 personnes
Préparation : 5 minutes
Cuisson : 10 minutes

1 blanc d'œuf
25 g de farine de sarrasin
1 cuil. à soupe de paillettes d'algues (type « mélange du pêcheur » en magasin bio)
2 cuil. à soupe d'huile d'olive
1 pincée de sel

1. Préchauffez le four à 150 °C (th. 5).
2. Préparez les chips en mélangeant le blanc d'œuf, la farine, le sel et l'huile.
3. Répartissez la préparation sur une feuille de cuisson en silicone à l'aide d'une cuillère à café, en formant une dizaine de petits tas espacés.
4. Étalez avec le dos de la cuillère de façon à former une très fine couche. Saupoudrez de paillettes d'algues.
5. Enfournez pour 10 minutes jusqu'à coloration.

SANS GLUTEN

GRESSINS

Pour 40 gressins environ
Préparation : 15 minutes
Repos : 1 h 30
Cuisson : 15 minutes par fournée

125 g de farine de blé + un peu pour la planche
125 g de semoule de blé fine
1 cuil. à soupe de sucre en poudre
5 g de levure fraîche de boulanger ou ½ sachet de levure de boulanger déshydratée
2 cl d'huile d'olive
½ cuil. à café de sel
Fleur de sel

Pour aromatiser (au choix) :
Thym, origan, ail déshydraté, piment d'Espelette, graines de cumin, d'anis…

1. Faites dissoudre la levure dans 12,5 cl d'eau tiède.

2. Dans un saladier, mélangez la farine, la semoule, le sucre et le sel. Creusez un puits et versez la levure dissoute, puis l'huile. Pétrissez la pâte pendant une dizaine de minutes, jusqu'à ce qu'elle ne colle plus aux doigts. Ajoutez votre garniture si vous souhaitez aromatiser vos gressins. Couvrez d'un linge légèrement humidifié et laissez lever dans un endroit chaud et sec pendant 1 heure.

3. Lorsque la pâte a doublé de volume, pétrissez-la brièvement. Étalez-la sur une planche farinée en un grand rectangle épais de 1 cm d'épaisseur, puis couvrez-la à nouveau et laissez-la lever encore 30 minutes.

4. Préchauffez le four à 180 °C (th. 6). À l'aide d'une roulette à pizza, découpez dans la pâte de fines lanières épaisses de 3 mm et longues de 20 cm environ. Étirez-les aux extrémités pour les affiner, puis déposez-les sur une plaque à pâtisserie recouverte de papier sulfurisé.

5. Saupoudrez légèrement de fleur de sel et enfournez pour 15 minutes environ. Plus les gressins sont fins, plus ils dorent vite : surveillez attentivement la fin de leur cuisson pour éviter qu'ils ne brûlent !

★★★ 100 % TRADITION ★★★

TRIANGLES APÉRO

Pour 70 crackers environ
Préparation : 15 minutes
Réfrigération : 1 heure
Cuisson : 15 à 20 minutes
Repos : 1 heure

180 g de farine
20 g de Maïzena®
70 g de beurre
15 g de graines de sésame
15 g de graines de pavot
10 g de sucre en poudre
¼ de cuil. à café de levure chimique
2 cuil. à soupe d'huile d'œillette (ou huile d'arachide)
¼ de cuil. à café de sel

1. Dans un saladier, mélangez la farine, la Maïzena®, le sucre, la levure chimique, le sel, le sésame et le pavot. Ajoutez le beurre coupé en morceaux, ainsi que l'huile.

2. Travaillez la pâte du bout des doigts, puis ajoutez peu à peu 5 cl d'eau jusqu'à obtenir une boule. Recouvrez-la de film étirable et laissez-la reposer au moins 1 heure au réfrigérateur.

3. Préchauffez le four à 180 °C (th. 6). Étalez la pâte le plus finement possible, entre deux feuilles de papier sulfurisé ou deux tapis en silicone.

4. Découpez des bandelettes de 3 cm de largeur, puis découpez-y des triangles de 3 cm de côté.

5. Transférez directement la feuille de silicone ou de papier sur une plaque à four. Enfournez pour 15 à 20 minutes, jusqu'à ce que les crackers soient bien dorés, puis entrouvrez la porte du four et laissez sécher encore 1 heure pour obtenir un croustillant maximal.

POUR LES TRÈS NOMBREUX ★★★

ORIGINAL
UNIQUE
DÉLICE MAISON
À CONSOMMER AVANT

CRACKERS À L'EMMENTAL

Pour 120 crackers
Préparation : 10 minutes
Congélation : 1 heure
Cuisson : 5 minutes

70 g de farine
70 g d'emmental râpé
30 g de beurre mou
2 pincées de sel
1 pincée de sucre en poudre
1 pincée de levure chimique

1. Dans un saladier, mélangez la farine, le sel, le sucre et la levure chimique. Ajoutez l'emmental, mélangez, puis ajoutez le beurre coupé en noisettes. Mélangez la pâte du bout des doigts, jusqu'à obtenir une texture sableuse.

2. Versez 3 cuillerées à soupe d'eau, cuillerée par cuillerée, jusqu'à obtenir une boule de pâte. Séparez-la en 2 parts égales et glissez chacune dans un sac de congélation. Façonnez-les entre vos mains, ainsi emballées, en une barre à section carrée, si nécessaire en vous aidant d'une règle. Laissez reposer 1 heure au congélateur.

3. Préchauffez votre four à 210 °C (th. 7). Coupez chaque barre en deux dans le sens de la longueur, puis à nouveau en deux : vous devez obtenir 8 barres fines et carrées.

4. Posez 3 barres sur une feuille de papier sulfurisé ou un tapis en silicone. Recouvrez d'une autre feuille de papier sulfurisé ou d'un autre tapis et étalez-les très finement à l'aide d'un rouleau à pâtisserie. Coupez les grands rectangles ainsi obtenus en carrés de 2,5 sur 2,5 cm de côté.

5. Déposez directement la feuille de papier ou de silicone sur une plaque à pâtisserie et enfournez pour 5 minutes environ, jusqu'à ce que les bords soient légèrement dorés.

6. À la sortie du four, laissez refroidir sur une grille.

★★★ 100 % TRADITION ★★★

100% NATUREL
FAIT
MAISON

PETITS PAINS SUÉDOIS

Pour 28 petits pains
Préparation : 25 minutes
Repos : 2 heures + 1 nuit
Cuisson : 30 à 35 minutes

250 g de farine T55
250 g de farine T110 (farine grise, en magasin bio)
40 g de sucre en poudre
1 sachet de levure de boulanger déshydratée ou 10 g de levure de boulanger fraîche
4 cl d'huile de colza + un peu pour la plaque
¾ cuil. à café de sel fin

100 % TRADITION

1. Faites dissoudre la levure dans 28 cl d'eau tiède. Dans un grand saladier, mélangez les farines, le sucre et le sel. Ajoutez la levure délayée et l'huile. Mélangez peu à peu à l'aide d'une cuillère en bois.

2. Lorsque tout le liquide est absorbé, pétrissez la pâte à la main pendant une dizaine de minutes. Vous pouvez également utiliser une machine à pain ou un robot équipé d'un crochet à pâte levée. Couvrez d'un film étirable ou d'un torchon légèrement humidifié et laissez lever 1 heure dans un endroit tiède.

3. Préchauffez le four à 200 °C (th. 6/7). Divisez la pâte en 14 portions égales. Avec vos mains farinées, façonnez des navettes (forme ovale allongée) de 7 à 8 cm de long sur 2 à 3 cm de large. Disposez-les sur une plaque à pâtisserie légèrement huilée, en les espaçant bien. Recouvrez d'un linge humidifié et laissez lever encore 30 minutes.

4. Enfournez vos pains pour 15 minutes en les surveillant attentivement. À la sortie du four, laissez-les refroidir 30 minutes sur une grille.

5. Préchauffez votre four à 180 °C (th. 6). Coupez les pains en deux à l'aide d'une fourchette, afin de leur donner la forme originale des pains grillés à la suédoise. Déposez-les sur une plaque, face coupée vers le haut, et enfournez pour 15 à 20 minutes : ils doivent bien blondir.

6. Entrebâillez la porte du four en la coinçant avec une spatule en bois et laissez les pains refroidir ainsi toute une nuit afin qu'ils soient parfaitement secs.

GALETTES AUX FINES HERBES

Pour 4 personnes
Préparation : 15 minutes
Repos : 2 heures
Cuisson : 5 minutes

Pour la pâte :
120 g de farine de sarrasin
2 cuil. à soupe de fines herbes ciselées en mélange (ciboulette, persil, cerfeuil)
2 œufs
25 cl de lait
30 g de beurre fondu
1 cuil. à café de levure chimique
½ cuil. à café de sel fin
Huile pour la poêle

Pour l'accompagnement :
4 belles tranches de saumon fumé
40 cl de crème fraîche

1. Mettez la farine et le sel dans un grand bol, creusez le centre. Cassez les œufs dans un bol et fouettez-les vivement avec le beurre fondu et le lait. Versez-les petit à petit sur la farine, sans cesser de tourner. Mélangez avec une spatule en ramenant peu à peu la farine des bords vers le milieu. Délayez progressivement avec 20 cl d'eau, jusqu'à ce que la pâte soit lisse et sans grumeaux. Laissez-la reposer pendant 2 heures.

2. Ajoutez les herbes ciselées à la pâte, mélangez bien et faites cuire des petites crêpes dans une poêle à blinis ou une petite poêle antiadhésive légèrement huilée.

3. Faites-les glisser sur un plat au fur et à mesure de leur cuisson et maintenez-les à four pas trop chaud.

4. Préparez un plat de saumon ou d'autres poissons fumés et un bol de crème fraîche, et servez le tout en même temps. Vous pouvez aussi cuire de grandes crêpes fines et les servir à chacun déjà garnies et roulées.

★★★ SANS GLUTEN ★★★

CRÊPES VERTES AU YAOURT
et à la menthe

Pour 4 personnes
Préparation : 20 minutes
Cuisson : 10 minutes

60 g de farine
3 œufs
200 g d'épinards
2 oignons nouveaux
1 cuil. à soupe de feuilles de coriandre et de menthe en mélange
1 pincée de muscade en poudre
Sel et poivre du moulin
Huile pour la poêle

Pour servir :
2 yaourts nature
1 cuil. à soupe de coriandre ciselée
1 cuil. à soupe de menthe ciselée
Sel

1. Lavez soigneusement les épinards, plongez-les 1 minute dans l'eau bouillante salée puis égouttez-les. Pressez-les fortement entre les mains pour en retirer le plus d'eau possible. Épluchez et émincez grossièrement les oignons.

2. Mettez les épinards, les herbes et les oignons dans le bol d'un robot électrique, et mixez-les longuement pour obtenir une purée très fine.

3. Cassez les œufs dans un bol et fouettez-les vivement en incorporant progressivement la farine. Quand l'ensemble est bien homogène, ajoutez la purée verte, la muscade, du sel et du poivre, et mélangez bien.

4. Placez une poêle à blinis ou une petite poêle antiadhésive huilée sur feu moyen, versez-y une louche de pâte, étalez-la et laissez cuire 2 minutes environ. Quand la première face est bien dorée, retournez la crêpe pour terminer la cuisson de l'autre côté. Glissez les crêpes au fur et à mesure sur un plat et gardez-les au chaud.

5. Fouettez légèrement les yaourts pour leur donner une consistance onctueuse, ajoutez les herbes ciselées, éventuellement un peu de sel et mélangez.

6. Servez les crêpes chaudes, nappées de yaourt aux herbes.

POUR LES
DÎNERS D'ÉTÉ
★★★

DOSAS

Pour 4 personnes
Préparation : 15 minutes
Repos : 10 heures + 8 heures
Cuisson : 10 minutes

200 g de riz cru
120 g d'urad dal (dans les épiceries indiennes)
1 oignon coupé en deux
Huile
Sel

1. Versez le riz et l'urad dal dans 2 bols séparés, recouvrez-les largement d'eau et laissez tremper une dizaine d'heures.

2. Égouttez le riz et les lentilles et broyez-les au mixeur, toujours séparément, en ajoutant juste assez d'eau pour obtenir une pâte épaisse, lisse et fluide (elle ne sera pas assez lisse si vous réunissez les deux ingrédients avant de les mixer).

3. Mélangez ensuite longuement les deux pâtes pour en obtenir une seule, parfaitement homogène. Rectifiez éventuellement sa consistance avec un peu d'eau, salez et laissez fermenter 8 heures dans un endroit chaud : la pâte doit prendre un peu de volume et faire des petites bulles.

4. Placez une grande poêle sur le feu et enduisez-la d'huile en frottant avec le demi-oignon. Versez une louche de pâte, étalez-la finement, et faites cuire les deux côtés, comme une crêpe classique. Glissez-les au fur et à mesure sur un plat et gardez-les au chaud.

5. Servez chaud, avec tous les chutneys et les currys que vous souhaitez, en guise de pain si vous proposez un repas indien.

SAVEURS D'AILLEURS

INDEX DES RECETTES

Crédits

Auteurs : Yanis Efstathiadis , pp. 6, 22, 30, 32 ; Sylvie Girard-Lagorce, pp. 8, 14, 24, 42, 100, 128, 134, 136, 138, 142, 143, 146, 148, 150, 152, 154 ; Marion Beilin, pp. 12, 170 ; Véronique Cauvin, pp. 16, 26, 56, 74, 174 ; Martine Lizambard, pp. 18, 28, 34, 68, 70, 72, 75, 76, 78, 186, 188, 190 ; C. Ruiz & J. Iserloh, pp. 20 ; Dorian Nieto, pp. 36 ; Solveig Darrigo-Dartinet, pp. 10, 38, 54, 66, 156, 158, 162, 164, 166, 168, 176 ; Stéphane Bulteau, pp. 40, 44, 45, 46, 48, 50, 58, 60, 62, 64, 104, 160 ; Nathalie Helal, pp. 52 ; Lucia Pantaleoni, pp. 80, 82, 84, 86, 88, 90, 92, 93, 96, 98, 108, 110, 112, 114, 116, 118, 124, 130, 131, 132, 144, 174 ; Fabienne Gambrelle & F. Goimbra Bueno, pp. 106 ; Nathalie Nguyen, pp. 120 ; U. Skadow, pp. 126, 140 ; P. Chevallot & M. Beilin, pp. 170 ; Estérelle Payany, pp. 178, 180, 182, 184.

Photographe & Styliste : Valery Guedes & Natacha Arnoult, pp. 6, 20, 32, 160 ; Pierre Chivoret & Alexia Janny, pp. 8, 14, 16, 26, 56, 74, 90, 92, 128, 136, 142, 143, 146, 148, 152, 172 ; Bernard Radvaner & Motoko Okuno, pp. 10, 24, 38, 54, 66, 120, 156, 158, 162, 164, 166, 168, 176 ; Charlotte Lascève, pp. 12 ; C. Lascève & Bérangère Abraham, pp. 170 ; Guillaume Czerw & Sophie Dupuis-Gaulier, pp. 18, 28, 34, 52, 68, 72, 76, 78, 178, 180, 182, 184 ; Dorian Nieto, pp. 36 ; Bernard Radvaner & Anne-Sophie Lhomme, pp. 40, 44, 45, 46, 48, 50, 58, 60, 62, 64 ; Jean Bono & Manuella Chantepie, pp. 42 ; Eric Fenot & Delphine Brunet, pp. 70, 94, 122 ; Bernard Radvaner, pp. 80, 82, 84, 86, 93, 96, 98, 108, 110, 112, 114, 116, 118, 124, 130, 131, 132, 144 ; Martin Balme & Lucie Dauchy, pp. 100, 134, 138, 150, 154 ; Pierre-louis Viel & Catherine Nicolas, pp. 102, 113 ; Amélie Roche & Sandra Schuman, pp. 104 ; Caroline Faccioli & Sabine Paris, pp. 186, 188, 190 ; N. Laser & U. Skadow, pp. 75.